大阪電車自助

Osaka 超簡單

黃德修 · 文 · 攝影

目次 Contents

作者序

到日本自助旅行！

　　年輕人愛旅行，中年人想要去旅行，銀髮族當然也可以來一趟自助旅行啊！我想，應該沒有人不愛旅行，因為旅行可以到不同的國家或地方，品嘗不同的飲食，體驗不同的文化，過過不同的生活。一趟不同國度的旅行，再度回到自己生長的地方之後，大部分的人應該都會有一種不虛此生的感受，甚至於開始期待下一趟的旅程！古羅馬思想家奧古斯狄尼斯曾經說過：「世界是一本書，而不旅行的人只讀了其中的一頁。」可見，想要讓自己的人生有更豐富的體驗，不致於產生白白走這一遭的遺憾，則非旅行不可！

　　許多人都期待能夠自助旅行，但是往往因為行程規劃的問題、預訂旅館的問題、交通的問題、語言溝通的問題，甚至於年齡的問題而作罷；其實，這些都不是問題，自助旅行沒有年齡限制，只看你願不願意付諸行動！筆者在日本自助旅行時，時常看見歐美的中年夫妻攜家帶眷、銀髮族二度蜜月，自由自在地享受自助旅行的樂趣，而到日本自助旅行的台灣人卻幾乎都是年輕人。許多台灣銀髮族都擅長日語，到日本旅行，語言溝通上應該不成問題；就算是不懂日語的年輕人或中年人，也可以藉由漢字等

談或簡單的英語解決溝通問題，輕鬆自在地享受到日本自助旅行的樂趣！

　　筆者希望能將多年到日本自助旅行的經驗告訴大家，提醒大家應該注意的事項，讓喜歡自助旅行的年輕人、中年人或銀髮族都能快速掌握自助旅行的訣竅，並開始規劃、付諸行動，達成到日本自助旅行的夢想！

黃德修

Part 1

大阪概況
General Information

關於大阪

基本資料

關於大阪

歷史背景

　　西元 7 世紀時，日本在大阪建造了第一座模仿中國建築的都城。平安時代初年（794），桓武天皇遷都京都，大阪地區正在挖掘淀川，完工後的淀川便成為大阪通往京都的重要水運交通路線。

　　到了安土桃山時代（16 世紀），織田信長死後，豐臣秀吉繼承霸業，於 1583 年再度攻占大阪，並花了十年時間大規模建造大阪城，完成這座舉世無雙的雄偉城堡；同時也積極建設大阪，挖掘運河、鋪設道路、令富商遷居城下，使大阪成為當時的首善之都。

　　直至江戶時期，大阪城又遭受了 1614 年及翌年的「大坂冬之陣」、「夏之陣」戰火摧毀。1620 年時，雖經幕府將軍松平秀忠的大力整建，卻還是難逃 1665 年的雷擊而全城焚燬。

　　二次大戰時，大阪受到嚴重的空襲，經濟力喪失殆盡，全市滿目瘡痍。然而短短的二十五年之後，大阪卻又奇蹟似

的復甦，1970 年的「萬國博覽會」及 1990 年的「綠的博覽會」都引起舉世注目。

　　由於大阪市區有淀川、安治川、道頓堀川、木津川、大和川等大大小小河流貫穿，市內的橋樑共有 808 座，顯現出特殊的水上都市風光；因此，大阪市又有「水之都」的雅稱。

　　近年來，大阪正逐步完成各項觀光資源的開發與交通建設的計畫，並舉辦各種國際性活動及博覽會，企圖吸引更多的觀光客及國際企業投資；而在關西國際機場的完成與營運後，大阪也已成為眾所矚目的國際性大都市，今日的大阪正朝向超越過去、迎向未來的目標邁進。

地理位置

　　大阪府位於本州西部的近畿平原。東北為京都府，東鄰奈良縣，南接和歌山縣，西北為兵庫縣，西臨大阪灣，總面積約為 1,890 平方公里，占日本全國面積的 0.5%。行政區域包括 33 個市、9 個町及 1 個村。

日本全圖（F.R. AC.）

9

基本資料

人口

根據大阪府廳的統計，大阪府的人口為 886 萬 1,367 人（2013 年 2 月），人口密度高達每平方公里 4,689 人，實在驚人！

氣候

大阪位於本州西部，地處北溫帶地區，氣候受海洋與季風影響，溫和多雨，四季分明，是典型的溫帶季風氣候。夏季高溫多雨，常有颱風來襲；冬季較為乾燥。

春季（3 ～ 5 月）是氣候變化最大的季節，平均氣溫約為 13.8℃。3 月的氣溫還在 10℃以下，進入 5 月以後，氣溫上升到 20℃左右，且早晚溫差大；此時到大阪旅遊，最好準備一件薄外套。春季是櫻花盛開的季節，大阪地區的「櫻花祭」約在 4 月 8 ～ 14 日期間，大阪城公園即為著名的賞櫻景點。

夏季（6 ～ 8 月）平均氣溫在 27℃上下，高溫多雨；8 月的氣溫都在 30℃以上，是最炎熱的月分，也是颱風最常

發生的時期。此時到大阪旅遊，最好攜帶雨具，注意防曬，並多補充水分。

秋季（9～11月）平均氣溫約為20℃，氣候開始變化。9月的天氣還像夏天，10月以後氣溫下降，變成乾冷的天氣；此時到大阪，最好多準備一件毛衣及潤膚乳液，以免皮膚乾裂，並注意預防感冒。到了11月，進入賞楓期，大阪城公園的楓紅時期約為11月5日～12月5日。

冬季（12～2月）氣溫偏低，平均氣溫約在6.6℃以下，遇到寒流來襲時，甚至降到0℃以下。此時到大阪旅遊，一定要攜帶禦寒大衣、圍巾及手套，以免受寒；乾性膚質者也要準備潤膚乳液，以保護皮膚。大阪地區的梅花在2月分盛開，大阪城公園是最佳的賞梅景點。

時差

台灣與日本的時差為1小時，台灣時間比日本時間慢1小時，即：台灣時間＋1小時＝日本時間。因此，到日本旅遊時，要記得將手錶的時間調快1小時；而由日本回台灣後，也要將時間調回1小時。

貨幣

日本的貨幣單位是「円」（日圓），以「¥」表示，共有十種。紙鈔分為10,000円、5,000円、2,000円及1,000円四種，其餘六種均為硬幣，幣值分別為：500円、100円、50円、10円、5円及1円。本書中的金額以「¥」表示時，代表日圓價格之意。

國定假日

　　日本的國定假日，除了國際機場的設施之外，各公家機關、銀行、旅遊服務中心都放假一天。由於周休二日，如果再遇到周一或周五為國定假日，就會形成連續假期，造成旅遊熱潮，各旅館幾乎都會客滿；因此，遇到這些日子時，最好先預訂旅館。

日期	日本國定假日	中文意思
1 月 1 日	元旦	元旦
1 月第二個星期一	成人の日	成人節
2 月 11 日	建国記念の日	建國紀念日
3 月春分當天	春分の日	春分節
4 月 29 日	昭和の日	昭和節
5 月 3 日	憲法記念日	憲法紀念日
5 月 4 日	綠の日	綠化節
5 月 5 日	子供の日	兒童節
7 月第三個星期	海の日	海洋節
9 月第三個星期一	敬老の日	敬老節
9 月秋分當天	秋分の日	秋分節
10 月第二個星期一	体育の日	體育節
11 月 3 日	文化の日	文化節
11 月 23 日	勤労感謝の日	勞動節
12 月 23 日	天皇誕生日	天皇誕辰

旅遊旺季

　　下面四段假期是日本的旅遊旺季，在這些期間，日本國內的長途列車及旅館都會客滿；所以，想要在這些期間到日本自助旅行，一定要先預訂旅館，以免臨時投宿無門。

· 歲末新年期間：12 月 27 日～ 1 月 4 日。

· 黃金周假期：4 月 29 日～ 5 月 5 日。

· 盂蘭盆會期間：8 月 15 日左右。

· 暑假期間：7 月 20 日～ 8 月 31 日。

電壓

　　台灣的電壓為 110V，而日本的電壓是 100V、50 ～ 60Hz，雖然差了 10V，仍然可以通用；所以，到日本旅遊時，數位相機或電動刮鬍刀等電器用品充電時，不必使用變壓器，非常方便。

大阪旅遊計畫
Travel Plan

第 1 步　規劃旅遊行程
第 2 步　申辦護照（日本旅遊免簽證）
第 3 步　訂購機票（確認機位）
第 4 步　預約旅館、變更或取消
第 5 步　兌換日圓、投保旅遊平安險
第 6 步　行前檢查、再次叮嚀

第1步 規劃旅遊行程

　　雖然在大阪旅行並不困難，但行前還是要先規劃好行程，以免到了大阪之後，不知何去何從，掃了旅遊的興致。因此，建議讀者先看看本書中的景點介紹，把最想要去的地方列出來，再配合旅行天數及交通動線排好行程；除了像日本環球影城要玩一整天之外，其餘一天排兩、三個景點就夠了，避免為了趕行程淪為走馬看花，如此才能享受一趟豐碩、愉悅的旅程！

　　行程確定後，就要趕快申辦護照、訂購機票並預約旅館。之後，就可以製作具有個人特色的「旅遊活動手冊」，以便在旅途中隨時隨地寫下所見所聞及心情感言，同時又能蒐集各地的紀念戳章，為日後留下永不磨滅的甜蜜回憶！

　　沒時間預約旅館的人，則可以參加旅行社的「自由行」行程。由旅行社代訂機票及飯店，以飯店為根據地做定點旅遊，觀覽附近的景點名勝，也訓練自己的膽識，為下一次的自助旅行做準備；如此，就可以放心地暢遊大阪了！

參考行程（提供第一次出國者參考）

大阪全家福之旅（5天4夜──適合親子同遊）

天數	行程
第一天	桃園國際機場→大阪關西國際機場　旅館附近的商店街散步
第二天	大阪城公園、大阪城天守閣、大阪新世界、通天閣
第三天	日本環球影城、大阪環球購物街
第四天	難波道頓堀、法善寺、夫婦善哉、千日前道具屋筋、黑門市場
第五天	大阪關西國際機場→桃園國際機場

京阪神青春逍遙遊（7天6夜──適合年輕人旅行）

天數	行程
第一天	桃園國際機場→大阪關西國際機場　旅館附近的商店街散步
第二天	大阪城公園、大阪城天守閣、大阪新世界、通天閣
第三天	日本環球影城、大阪環球購物街
第四天	神戶生田神社、三宮中心商店街、南京町、美利堅公園
第五天	京都清水寺、金閣寺、錦小路通、新京極
第六天	海遊館、天保山市集、難波道頓堀、千日前道具屋筋
第七天	大阪關西國際機場→桃園國際機場

大阪周邊舒活旅行（7天6夜──適合銀髮族二度蜜月）

天數	行程
第一天	桃園國際機場→大阪關西國際機場　旅館附近的商店街散步
第二天	大阪城公園、大阪城天守閣、大阪新世界、通天閣
第三天	中之島公園、大阪天滿宮、天神橋筋商店街
第四天	京都嵯峨嵐山、竹林小徑、嵐山公園、渡月橋、美空雲雀紀念館
第五天	神戶生田神社、三宮中心商店街、南京町、美利堅公園
第六天	難波道頓堀、法善寺、夫婦善哉、千日前道具屋筋、黑門市場
第十天	大阪關西國際機場→桃園國際機場

日本關西浪漫之旅（10 天 9 夜──適合新婚夫妻蜜月旅行）

天數	行程
第一天	桃園國際機場→大阪關西國際機場　旅館附近商店街散步
第二天	大阪城公園、大阪城天守閣、大阪新世界、通天閣
第三天	日本環球影城、大阪環球購物街
第四天	神戶生田神社、三宮中心商店街、南京町、美利堅公園
第五天	空中庭園展望台、滝見小路、萬博紀念公園
第六天	京都清水寺、金閣寺、錦小路通、新京極
第七天	奈良散步、猿澤池、興福寺、東大寺、浮見堂、春日大社
第八天	海遊館、「聖瑪麗亞號」觀光船、天保山市集、大摩天輪
第九天	難波道頓堀、法善寺、夫婦善哉、千日前道具屋筋、黑門市場
第十天	大阪關西國際機場→桃園國際機場

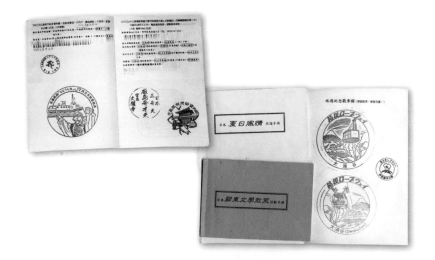

第2步 申辦護照(日本旅遊免簽證)

　　沒有護照的人，在行程規劃好之後，就可以開始申辦護照；中文姓名音譯可以上「外交部領事事務局」網站（www.boca.gov.tw）查詢。有護照的人則要看看護照的有效期限是否在「出國日起六個月以上」，如果沒有，就必須辦理一本新護照。

　　各國機場在檢驗入境旅客的護照時，會要求護照的有效期限必須在六個月以上，才會准予入境；否則，很可能會被原機遣返。另外，日本參議院於 2005 年 8 月 5 日表決通過「給予台灣赴日觀光客永久免簽證」的優惠；所以，台灣人到日本旅遊不必再申請日本簽證，最長可以在日本停留 90 天。

辦理護照機關：外交部領事事務局

上班時間：周一至周五上午 8:30～下午 5:00（中午不休息，周三至晚上 8:00）

辦理單位	地址	電話
台北局本部	台北市濟南路 1 段 2-2 號 3 樓	(02) 2343-2807 (02) 2343-2808
台中辦事處	台中市黎明路 2 段 503 號 1 樓	(04) 2251-0799 (04) 2251-0700
高雄辦事處	高雄市成功一路 436 號 2 樓	(07) 211-0605 (07) 211-0625
花蓮辦事處	花蓮市中山路 371 號 6 樓	(03) 833-1041 (03) 833-1023

所需證件

繳驗資料	費用	完成時間
1. 填寫申請書 2. 舊護照（無則免附） 3. 兩吋彩色照片 2 張（白色背景） 4. 身分證正本 5. 身分證正、反面影本各一份（按大小裁剪好） 6. 兵役證明文件（服完兵役至滿 36 歲除役前之男性） 7. 戶口名簿正本、影本一份（14 歲以下未領身分證兒童）	新台幣 1,300 元 （14 歲以下兒童 900 元）	四天

※ 新護照有效期限：成人 10 年，兒童 5 年。

第3步 訂購機票（確認機位）

拿到護照後，就可以開始訂機票了，因為機票上的英文姓名必須和護照上的一樣，所以還是等護照確定後再訂機票比較妥當。

訂購機票，可以先到各大票務公司的網站瀏覽，如：易遊網、燦星、玉山、廣德、東南旅行社等，比較各家航空公司的機票價格、機票效期、班機往返時刻、班次多寡等，才能以較優惠的價格買到最適宜的機票。

使用信用卡刷卡買機票即可獲得保險，如：飛機起降險、班機延誤險、行李延誤險、行李遺失險、劫機險等，部分發卡銀行甚至提供全程的旅遊平安險；所以，建議用刷卡的方式購買機票。

一般而言，購買機票時，旅行社就會幫你代訂機位，除非是價格特別低廉的促銷票或在一位難求的旅遊高峰期，旅行社才會要求你自己訂位。自己訂位的方法很簡單，只要打電話向航空公司訂位組告知你的英文姓名、出發與回程的日期、時間就可以了；等機位 OK 後，再請旅行社開票，然後打電話告知航空公司你的機票號碼，以便確認機位。

現在的機票大多是「電子機票」，在收到旅行社寄給你的電子郵件後，自己列印出來就可以了；如果你無法列印，則可以要求旅行社列印出來再寄給你。出發當天，在班機起飛時刻至少一個半小時前到達機場，出示電子機票及護照，向航空公司櫃台劃位。

第4步 預約旅館、變更或取消

預約旅館

　　到大阪自助旅行，訂房方式很簡單，許多旅館或飯店都有網頁，讀者可以在網路上訂房。預約的旅館最好距離車站不遠，走路 10 分鐘以內較為適宜，以方便行程的進行。此外，大阪、神戶、京都、奈良距離都不算遠，搭乘電車也很便利，除非想體驗不同的住宿環境或旅館品質太爛，建議不必常換旅館，可以省下不少麻煩。

　　網路訂房的方法很簡單，只要在雅虎、蕃薯藤、Google 等各大入口網站搜尋「大阪旅館」、「神戶旅館」、「京都旅館」或「奈良旅館」等，就可以找到許多資料，再選擇適合的旅館訂房。

　　不懂日文的人則可以從網頁中尋找通華語或英語的旅館，這類旅館大多有中文或英文頁面說明，很容易就可以訂好房間。訂房時最好寫出你的電子郵件信箱或傳真號碼，以方便旅館與你聯繫之用。如果沒有時間找旅館，則可以請購買機票的旅行社協助代訂或乾脆參加旅行社的「自由行」行程。

　　有些旅館沒有網路訂房服務，則可以用傳真或電子郵件方式訂房，本書的表格可以參考使用。部分旅館收到訂房資料後，會傳真或寄電子郵件給客人要求做「確認」的動作。只要確定訂房資料無誤，就可以在訂房單上面寫上「確認します」，簽名後再傳回給旅館就可以了。

宿泊予約申込書 (住宿預約申請書)

日付 (日期) : ＿＿年＿＿月＿＿日

● 施設名 (旅館名稱) : ＿＿＿＿＿＿＿＿＿＿＿＿＿＿＿へ

● (旅館地址、電話、傳真) ＿＿＿＿＿＿＿＿＿＿＿＿

● 予約者 (預約人) : ＿＿＿＿＿＿＿＿＿＿＿＿

● 住所 (預約人地址) : ＿＿＿＿＿＿＿＿＿＿＿＿

● 電話 : 0033- 010- 886- 2- ＿＿＿＿＿＿＿＿＿

● FAX (傳真) : 0033- 010- 886- 2- ＿＿＿＿＿＿＿＿

● E-MAIL (電子郵件) : ＿＿＿＿＿＿＿＿＿＿＿

● 宿泊期間 (住宿期間) :

　＿＿年＿＿月＿＿日～＿＿月＿＿日＿＿泊 (晚)

● 到着時刻 (check in、入住時間) :

　午後 (下午) ＿＿＿時＿＿＿分

● 宿泊人数 (住宿人數) : ＿＿＿名。

　大人 (成人) ＿＿＿名 、小人 (兒童) ＿＿＿名

● 部屋のタイプ : (房間種類、型式)

　□和室 (榻榻米房) 、□洋室 (彈簧床房)

　□禁煙 (禁菸房) 、□喫煙 (抽菸房)

　□シングル (單人房) ＿＿＿室

　□ダブル (單床雙人房) ＿＿＿室

　□ツイン (雙床雙人房) ＿＿＿室

　□トリプル (三人房) ＿＿＿室

　□フォース (四人房) ＿＿＿室

● クレジットカードで、いいですか。(是否可以刷卡？)

　＿＿＿＿＿＿＿＿＿＿＿ (此欄由旅館填寫)

預約變更

　　如果行程有變動，想改變訂房的日期，一定要儘早上網變更或傳真「予約変更する」（預約變更）通知旅館，讓旅館方面即早做準備，自己也會玩得更放心。假如連人數或房間數都需要調整時，可以在預約變更書的空白處註明即可。

予約変更する（預約變更）

日付（日期）：＿＿＿年＿＿＿月＿＿＿日

施設名（旅館名稱）：＿＿＿＿＿＿＿＿＿＿＿＿＿＿

すみません、私の　旅行計画が　チェンジしましたので、

△月△日の予約を　○月○日に　変更したいのですが、

どうも　すみません。

（很抱歉，我的旅遊計畫改變了；因此，想把△月△日的預約更改為○月○日，謝謝！）

署名（簽名）：＿＿＿＿＿、（縣市）＿＿＿＿＿、（國名）＿＿＿＿＿。

FAX（傳真）：0033- 010- 886- 2- ＿＿＿＿＿＿＿＿＿

取消預約

　　萬一旅遊計畫改變，無法到事先預訂的旅館投宿時，一定要儘速上網取消或將「予約取り消す」（取消預約）傳真給旅館。有些人沒有養成這種習慣，行程改變後，也沒有通知預約的旅館，使旅館因空留房間而遭受損失，以致有些日本民宿或旅館不接受台灣人預約，而造成日後台灣自助旅行者的不便與困擾，請讀者們要特別注意！

予約取り消す（取消預約）

日付（日期）：＿＿年＿＿月＿＿日

施設名（旅館名稱）：＿＿＿＿＿＿＿＿＿＿＿＿＿

すみません、私の　旅行計画が　チェンジしましたので、
◇月◇日の予約を　取り消して　ください。

どうも　すみません。

（很抱歉，因為我的旅遊計畫改變了，請取消◇月◇日的預約，謝謝！）

署名（簽名）：＿＿＿＿＿、（縣市）＿＿＿＿＿、（國名）＿＿＿＿＿。

FAX（傳真）：　0033- 010- 886- 2- ＿＿＿＿＿＿＿＿＿

親切之宿

ホテル近畿（Hotel Kinki）

　　ホテル近畿就在大阪梅田最熱鬧的商圈裡，離大阪車站不遠，房間也很乾淨，相當適合自助旅行者投宿。櫃台人員通英語，待客又親切，有任何旅遊的問題都可以向他們詢問。

　　房間分為日式、西式兩種，有衛浴設備、液晶電視、冰箱、冷暖氣及免費使用的網路連線。三樓設有投幣式自助洗衣機、烘衣機，並有微波爐提供住宿客人使用。

　　日式房間（榻榻米）可吸菸，住宿費較便宜，單人房￥4,500，雙人房￥5,800，三人房￥9,300；西式房間（彈簧床）禁菸，空間較大，費用稍高，單人房￥5,500，雙人房￥8,000，三人房￥11,400；可以刷卡。進房時間為15:00以後，退房時間為11:00以前；24小時營業。此外，

ホテル近畿設有繁體中文網頁介紹，為台灣遊客提供了更方便的訂房服務。

- ·地址：〒530-0027 日本國大阪府大阪市北區堂山町 17-8。
- ·電話：（06）6312-9117。
- ·傳真：（06）6312-5586。
- ·交通：大阪車站「御堂筋南口」（中央口左邊）出來，過馬路進入「阪急百貨公司」向前直走，出了百貨公司後就可以看到「HEP FIVE」頂樓上紅色的摩天輪。過馬路後，從 HEP FIVE 右側的小路往前走，走到底過紅綠燈後往左再過一個紅綠燈，就可以看到「ホテル近畿」的廣告霓虹燈；ホテル近畿就在「中通商店街」裡。
- ·網址：hotelkinki.com/jp

住宿資訊參考

- ·Hotel 関西（大阪）（有中文網頁）：
  www.hotel-kansai.co.jp
- ·NAMBA 道頓堀 Hotel（難波）（有中文網頁）：
  www.dotonbori-h.co.jp/index.html
- ·京都 Garden Hotel（有中文網頁）：
  www.kyoto-gardenhotel.co.jp
- ·日本館（京都）（有英文網頁）：www.kyoto-nihonkan.jp
- ·旅館南都（奈良）：www.basho.net/nanto/index.html
- ·古つ都ん 100%（奈良）：www2.odn.ne.jp/cotton
- ·ビジネス觀光ホテルラクヨー（奈良）：
  www.basho.net/rakuyo
- ·YADO 日本全國住宿網：www.nikkanren.or.jp
- ·楽天日本全國住宿網：
  travel.rakuten.co.jp/yado/japan.html

第5步 兌換日圓、投保旅遊平安險

兌換日圓

決定到大阪旅遊後，就要開始注意日圓匯率的變動，多看報紙公告或上網查詢，再到銀行兌換，才能以較優惠的價格換得日圓。此外，設在機場裡的銀行營業處也有提供外匯兌換的服務。

日本政府於 1998 年 4 月 1 日起實施「修正外匯法」，自該日起，美金如同日圓一樣，可以在日本國內自由使用；不過，通常只有在各大百貨公司、大型商場或西餐廳才行得通，一般的商店還是只接受日圓消費。

至於要兌換多少日圓，可以依照行程的長短及個人情況決定。一般說來，包含機票及住宿、吃飯、交通費用在內，一周的行程大約花費新台幣 3 ~ 4 萬元，其間的差距就看個人的狀況而定。

出國旅遊，最好隨身攜帶一、兩張信用卡，以備不時之需；但也不要帶太多張，以免因遺失而造成困擾。

投保旅遊平安險

為求心安與保障，出國前可以考慮投保全程的旅遊平安險。投保前應先衡量自己的實際狀況，再決定投保的產險公司及金額。如果因忙碌而忘了事先投保，也可以在出國當天向各產險公司設在機場裡的營業處辦理投保。

本身已有參加保險（如：儲蓄險、人壽險、意外險）的讀者，可以向投保的產險公司詢問「海外急難救助卡」的相關事宜，以確保自己的權益。

·第6步 行前檢查、再次叮嚀

行前檢查表（自行參酌攜帶）

記號	檢查項目	記號	檢查項目	記號	檢查項目
	護照（正、影本各一份）		數位相機、記憶卡		台灣風味紀念品
	電子機票（機位確認）		相機電池、充電器		零食、茶包、咖啡包
	旅館訂房單		隨身小背包		旅遊書籍
	海外急難救助卡		衛生紙少許		短褲（夏季攜帶）
	旅遊平安保險		洗衣粉少許		擦汗小毛巾（夏季攜帶）
	日圓現金		簡便盥洗用具		摺扇（夏季攜帶）
	新台幣少許		摺疊式雨傘		泳褲、泳裝（夏季攜帶）
	信用卡		隱形眼鏡藥水		潤膚乳液（秋冬季攜帶）
	換洗衣物		電動刮鬍刀		手套、圍巾（秋冬季攜帶）
	旅遊手冊、原子筆		個人專用藥品		毛帽、口罩（秋冬季攜帶）

再次叮嚀

　　出發前要特別檢查個人專用藥品及物品，如：隱形眼鏡藥水、曼秀雷敦、刮鬍刀等一定要記得攜帶；征露丸及摺疊式雨傘、原子筆、筆記本最好也能帶著，以備不時之需。在日本，感冒藥、頭痛藥、咳嗽藥在一般藥局或百貨店都可以買得到。

　　如果方便，可以準備一些具有台灣特色的紀念品或地圖；萬一有事麻煩陌生人幫忙時，可以送給對方做紀念，以增進兩國人民間的友好關係。

Part 3

大阪旅遊須知

Travel Must-knows

大阪旅遊錦囊
大阪及周邊優惠車票
全國優惠車票
緊急聯絡單位

大阪旅遊錦囊

　　到大阪自助旅行，如果能注意旅遊上的小技巧，不但能放心大膽地四處遊走，也能節省許多旅費。下面幾項實用的旅遊經驗，提供給讀者們參考：

食

　　大阪素有「日本的廚房」之稱，亦即「到大阪就要享受美食，否則就白來了！」。除了一般大眾化的定食、拉麵、壽司或咖哩飯之外，大阪特有的大阪燒（お好み燒き）、章魚丸子（たこ燒き）、螃蟹料理（かに料理）、燒肉吃到飽（燒肉食べ放題），以及甜點「夫婦善哉」（めおとぜんざい），都是非嘗不可的道地「大阪之味」。

　　大阪的美食街也多，除了享譽盛名的難波道頓堀之外，阪急東通商店街、滝見小路、大阪環球購物街、天保山市集、大阪新世界、天神橋筋商店街 5 ～ 6 丁目都各具特色；此外，各大百貨公司也都有美食街的設置，使大阪成為日本的美食天堂。至於有哪些料理名店，依筆者的體驗，只要你看到想要吃的，都可以嘗嘗看；畢竟，每個人喜歡的口味不同，旅遊書中介紹的餐飲是否合乎所有人的胃口，則是個問號。日本大師家遠藤周作也曾在其《狐狸庵食道樂》書中提到不相信美食書籍的介紹，覺得好吃的店就進去嘗嘗看，因此嘗到不少位於巷弄裡的美食料理。

　　大多數的餐飲店門口會擺放各種餐點模型或壓克力看板，並附上標價，讓顧客明白各種餐點的價格。飯或麵的分量一般大小叫做「並」（なみ，na mi），大碗的叫做「大盛」（おおもり，oo mori）。麵要吃熱的叫做「温い」（あたたかい，atata kai），冷的則是「冷たい」（つめたい，tsu me tai）。點餐前，這些都要看清楚。

　　有些餐飲店會在門口設置一台「食券販賣機」，顧客須先購買餐券，再用餐；所以，日語不靈光的人可以選擇這一類的餐飲店。萬一沒有「食券販賣機」時，則可以把想要的餐點名稱寫在紙上，再交給服務人員；或者，乾脆請服務

人員出來，指著餐點模型告訴他，問題就解決了！

　　日本人習慣在用餐前說聲：「いただきます。」（我要開動了，itadaki masu）才開始動筷子。吃完後，如果是在使用餐券的店，向服務人員說聲：「ごちそうさま。」（謝謝你的款待，gochisou sama）就可以離開；如果不是使用餐券的店，向服務人員說：「ごちそうさま。」就表示要結帳的意思。

　　日本超市（スーパー，su pa）所販售的物品都比較便宜，種類又多，而且提供微波加熱服務；因此，到旅館投宿後，可以向櫃台詢問附近的超市位置，或是自己到周圍地區找找看。到超市購買食品、飲料、水果作為晚餐、消夜或隔天的早餐都很划算，可以省下一大筆旅費！購買涼麵、泡麵、便當或壽司時，有一個單字一定要學會，那就是「はし」（筷子，ha shi），記得向收銀員索取；否則，你只能用手抓麵吃了。

　　雖然日本到處都有自動販賣機，但飲料的價格實在不便宜；因此，可以先在超市買好大瓶裝（1或2公升），隔天再分裝成小瓶（500毫升）帶出去，水分補給就不會缺乏了。喜歡喝茶或咖啡的人，則可以帶一些茶包或咖啡包出國；這樣，每天都可以喝到自己喜歡的茶與咖啡了。

日本大眾化飲食

火腿蛋朝食

煎魚定食

竹輪茄子烏龍麵

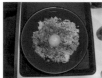

月見丼（生雞蛋魚肉丼）

生薑燒肉定食

沾醬蕎麥麵

咖哩飯

味噌拉麵

花枝大阪燒

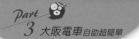
大眾化飲食店

吉野家　　　　　　なか卯　　　　　　すき家

大阪王將　　　　　　　　松屋

壹番屋　　　　　　　餃子の王將

衣

　　日本到處都有自助式洗衣店（コインランドリ Coin Laundry），使用起來方便又便宜；所以，到大阪自助旅行時，行李越簡單越好，不要帶太多衣物。以夏季為例，衣著與在台灣時相同即可，背包裡放幾件換洗的衣物，就當作在台灣環島旅行一樣，千萬不要帶著大型行李箱；否則，徒增累贅而已。冬季時，除了換洗的貼身衣物之外，外衣褲根本不用換；由於日本的空氣非常乾淨，連續穿一個月也不會髒，日本人的冬季大衣也都是持續穿到初夏時再洗好收到櫃子裡。

　　要換洗的衣物先用塑膠袋裝好，等累積一定數量後，再到自助式洗衣店清洗，既省時又方便。或者，你也可以攜帶免洗褲、免洗襪，連洗衣服都省了。

　　所謂「自助式洗衣店」，就是無人看守，一切都由顧

客自己動手的洗衣店，台灣現在也有這種店。

　　店裡會放置幾台「投幣式洗衣機」和「烘衣機」，有的會設置一台「洗衣粉販賣機」。顧客只要將衣物和洗衣粉丟入洗衣槽中，再投入硬幣，洗衣機就會開始運轉，從注水、洗衣，一直到排水、脫水，都是全自動的；烘衣機也是如此。洗衣機使用一次約需￥300，時間大約40分鐘；而烘衣機每使用15分鐘，約需￥200。

　　日本許多旅館或民宿也會設置「投幣式洗衣機」和「烘衣機」，以解決住宿旅客洗衣服的困擾。

住

　　在大阪旅遊時，如果投宿的是商務旅館或一般飯店，就沒有什麼特殊的禮節要遵守；但如果投宿在日式溫泉旅館或民宿時，就要遵守主人的規定與習慣，如：進出民宿時，要在入口處換鞋子、養成主動與民宿家人打招呼的習慣、遵守民宿的門禁時間等。

　　不論住宿旅館或民宿，主動與打掃人員或服務人員打招呼是一種基本禮貌，早上遇到時可以說：「おはようございます。」（ohayo gozai masu）或簡單的「おはよう。」（ohayo），下午以後則說：「こんにちは。」（kon nich wa）就可以了。

　　在投宿的過程中，如果你覺得旅館或民宿主人特別親切與熱心，也想表達台灣人的熱情友善，可以事先準備一些具有台灣特色的紀念品或觀光地圖送給對方；相信一定能增進兩國間的國民外交情誼！

行

　　在大阪自助旅行，最佳方式就是利用便捷的鐵路交通運輸網。大阪地區的電車路線非常複雜，除了通行全國的日本鐵路（Japan Railway，簡稱 JR）之外，還有地區性通行的大阪市營地下鐵（Osaka Subway）、阪急電鐵（Hankyu）、阪神電車（Hanshin）、近鐵電車（Kintetsu）、京阪

電車（Keihan）、南海電鐵（Nankai）等路線，構成複雜便捷的交通網絡。

　　無論哪一條路線，在其車站的售票機上方，都會有詳細的「電車路線及車資標示圖」，不同路線會使用不同的顏色做區隔；因此，只要認清楚圖上的標示，就不會搭錯車或買錯票了。

　　萬一真的買錯車票，必須補票時，只要將手中的車票投入出口閘道附近的「精算機」（補票機）中，精算機的螢幕就會顯示出需要補繳的差額。投入這個金額後，精算機會掉出一張補好差額的車票，用這張車票就可以通過自動收票閘道了。

　　由於大阪的電車路線系統繁雜，容易使人搞錯，下面的建議請讀者們務必參考：

1. 車站出入口閘道附近如有電車路線圖，可隨手拿一張，帶在身上隨時查詢。
2. 在電車路線圖上先圈出當天要去的車站，途中如需換車時，就可以清楚地掌握轉乘車站與路線。
3. 轉車時，先看清楚月台上的標示圖，不要急，確定後再搭車，比較不會搭錯車；無法確定時，要以問人或搭下一班。
4. 萬一坐錯車時，可以在下一站下車，再搭電車回原來的站。
5. 大阪地區的新快速、快速與普通電車的車資都一樣，只差停靠站數的多寡。如果要去的景點這三種電車都有靠站，則以選擇新快速或快速電車為宜；如果只有普通電車靠站，則可以先搭乘快速電車到附近的站，再轉乘普通電車，可以省下很多時間。

　　大阪市公車以市內運輸為主，車資為￥200（半票￥100），對旅遊者而言，搭乘的機會不多；所以，在大阪自助旅行時，還是以搭乘電車較為舒適與便捷。

　　大阪的計程車計費方式依各車行不同，一般車資2公

里內為￥660，每跑273公尺跳表￥80，遇到紅燈或時速10公里以下則每1分40秒跳表￥80。以大阪車站到日本環球影城（約7.46公里）為例，單程電車車資￥170，若搭乘計程車則需￥3,300。車資相當高，除非萬不得已，還是以搭乘電車較為划算！

車站地下街

　　大阪車站前的地下街腹地廣闊，步道錯綜複雜、宛如迷宮，不但可以連通JR大阪、JR北新地車站，也可以通往地鐵梅田、東梅田、西梅田車站，以及阪神梅田和阪急梅田車站，還可以直通阪急百貨、阪神百貨等；因此，每天上下班尖峰時段，經過這裡的人潮就像浪潮般洶湧，令人看得目不暇給！許多遊客到這裡後都會迷路。

　　要如何才能避免在車站地下街迷路呢？最好的方法就是：看清楚頭上的指標，腳步跟著指標的方向前進。萬一發現走錯路時，立刻退回原路，千萬不要憑著自己的想像走。等找到正確的指標後，再依照正確的方向走；如此，就可以避免在車站地下街迷路了。

投幣式置物櫃

（コインロッカー，Coin Locker）

　　日本各車站或旅遊景點都會設置「投幣式置物櫃」，提供遊客暫時寄放行李的服務。遊客可以把過重或不方便攜帶的行李寄放在「投幣式置物櫃」中，再輕鬆地旅遊觀光；尤其在離旅館的入住時間還早時，就可以使用「投幣式置物櫃」解決攜帶行李的困擾。

　　投幣式置物櫃的計費方式通常是以晚上12:00（有些是凌晨1:30）為分界，不管什麼時候開始使用，超過分界的時間就要加計一天。假設在分界時間剛過之後放置行李，則可以持續放24小時，但如果中途打開櫃子，計幣器的金額就會歸零，必須重新投幣才可以再使用；所以，它是以次數計費，也是以天數計費的機器。

必須注意的是：行李最多只能寄放三天。第三天晚上時間截止以前，一定要先將行李取出，等時間過後，再重新寄放；否則，管理員會將行李送進倉庫中保管，寄放者必須憑鑰匙向管理員繳費後，才能領回行李。

依櫃子空間的大小不同，所需的費用也不同：小櫃子￥300，中櫃子￥400，大櫃子￥500～600。

優待券

在大阪旅遊，時常可以拿到各式各樣的「割引券」（優待券），如：餐飲、購物、住宿、遊樂場、主題樂園、美術館等都有。有些優待券是放在車站的服務處、旅遊中心或大廳一角供遊客自由取用，有些則是商店派人在路邊發放，也有的必須在顧客消費後才會贈送。無論如何，讀者們不妨先將這些優待券留著，也許會因此省下一些旅費。

想要享受一頓大阪美食，卻又考慮到荷包時，可以看看餐飲店發送的優惠廣告單。找一家看起來料理不錯、價格公道且「食べ放題」（吃到飽）的餐廳試試看吧！

筆者在大阪旅遊時，也曾使用這些優待券節省花費。由於使用優待券，吃到不少位於巷弄裡的道地料理、投宿在物超所值的新式旅館，甚至連帶回台灣的伴手禮都是買一送一呢！

電話

日本國內電話

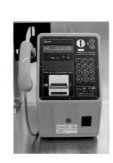

在日本，打國內電話的方式與台灣稍有不同；不管是否跨區域，都必須加撥區域碼。每一通的基本話費是 10 日圓，可以使用 10 日圓的硬幣或電話卡。一般的電話卡每張為 1,000 日圓，可以撥打 105 通，電話卡在便利商店、公共電話旁的自動販賣機或車站內的小賣店都可以買得到。

國際直撥電話

從台灣打國際直撥電話到日本時，最簡便的方法就是在日本的電話號碼前加上「009-81- 區域碼去掉 0」後，就可以直撥到日本。以直撥到大阪為例，即：009-81-6- 大阪

電話號碼。

除了中華電信的「009」之外，由於寬頻網路的蓬勃發展，其他電訊公司也有提供國際電話直撥的服務，如：東森寬頻的「005」、遠傳的「007」等。有手機的朋友，可以向手機公司詢問相關的國際漫遊資訊，如：撥打方式、資費計算、適用國家等，以選擇最有利的方式使用。

如果要從日本打國際電話回台灣時，就要特別注意所使用的電話系統。由於日本的國際電話系統繁多，讀者對於不熟悉的電話卡最好不要隨便買，以免因用錯系統而誤認電話壞掉。下面列出日本較常見的國際電話系統供讀者們參考：

日本→台灣 國際直撥電話

電話系統	代碼	直撥回台灣的方式
KDD	001	
NTT	0033	代碼-010-886- 區域碼去掉 0- 台灣電話號碼
ITJ	0041	
IDC	0061	

電腦網路

日本許多旅館或飯店有提供電腦網路的上網服務，有的是客人自備手提電腦就可以上網，也有的會設置網路區讓客人使用；有些是完全免費，有些只提供固定時數免費，超過時間必須收費，各旅館與飯店都有不同的規定，訂房網頁上也會有詳細的介紹。讀者們若有使用的需求，在訂房前要先看清楚網頁上的說明，或是在到達旅館後直接向櫃台人員詢問。

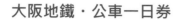

大阪及周邊優惠車票

大阪地鐵‧公車一日券

（エンジョイエコカード，Enjoy Eco Card）

　　「大阪地鐵‧公車一日券」是 2011 年 10 月 1 日起開始發售的優惠車票，分為平日券與假日券。平日券使用期限為周一至周五，假日券則包含周六、周日與日本國定假日。

　　使用這種車票，可以在一天之內不限次數搭乘大阪市營地鐵及公車。大阪市區的地鐵與公車單一區間車資均為全票￥200、半票￥100；所以，平日搭車次數超過 4 次或假日搭車超過 3 次就划得來！讀者們可以先計算每日搭車車資，再決定是否購買使用。

　　此外，到大阪城、海遊館、海洋時空館、空中庭園展望台、通天閣、世界大溫泉、交通科學博物館、花博紀念公園及各大美術館、博物館參觀，或是搭乘「聖瑪麗亞號」觀光船，出示這種車票就有打折的優惠。

　　平日券全票￥800、半票￥300，假日券則為全票￥600、半票￥300。售票處為各大地鐵車站售票機，方式如下：

1. 將紙鈔或硬幣投入售票機中。
2. 觸摸螢幕上的「カード購入」鍵。
3. 若購買半票（小學生）則按機器左下角的「こども」（兒童）鍵（全票跳過此步驟）。
4. 觸摸螢幕右下角的「エンジョイエコカード」鍵（周末假日則選「エンジョイエコカード土日祝」鍵）。
5. 按下機器下方顯示的金額鍵即可。若有疑問可詢問站務人員。

大阪海遊一日券（OSAKA 海遊きっぷ）

　　大阪海遊一日券具「海遊館入場券」及「大阪地鐵‧公車一日券」雙重功能，除了當日可以不限次數進出海遊館（出館前須請服務台人員在手臂上蓋章才能再入館）之外，

也可以不限次數搭乘大阪市營地鐵及公車,實在是太划算了!出示一日券,無論是搭乘「聖瑪麗亞號」觀光船或天保山大摩天輪都有折扣優惠,到天保山市集的服務台出示一日券,就可獲得2樓美食街的折價券,享受大阪美食。

此外,在海洋時空館、大阪城、通天閣、空中庭園展望台、花博紀念公園、交通科學博物館,以及各大美術館、博物館等地,出示一日券也有打折的優惠。由於具有「大阪地鐵・公車 日券」的功能,讀者們可以利用回旅館前的時間搭乘地鐵好好地逛逛大阪。

大阪海遊一日券全票￥2,300、半票￥1,000,售票地點在各大地鐵車站的站長室及售票服務處。

神戶街遊券(神戶街めぐり1dayクーポン)

想要逍遙自在地暢遊神戶市區,只要購買「神戶街遊券」就能省下不少車錢。神戶街遊券包含一張「神戶市區電車一日券」、一本價值￥650的「觀光設施抵用券」,以及「神戶觀光循環巴士折價券」,可以說是物超所值。

使用神戶街遊券可以在一天之內不限次數搭乘神戶市區四條主要電車路線,即:神戶高速線、神戶地鐵西神・山手線、神戶地鐵海岸線、新交通港灣人工島線(ポートライナー),而「觀光設施抵用券」可以選擇抵用神戶市內約六十處觀光旅遊設施;此外,憑「神戶觀光循環巴士折價券」可以用較低的價格購買「神戶觀光循環巴士乘車券」,是相當實惠的旅遊方式。

　　神戶街遊券分為「春夏版」（4月1日～9月30日）及「秋冬版」（10月1日～3月31日）兩種，除了「神戶市區電車一日券」的使用期限為一天之外，「觀光設施抵用券」及「神戶觀光循環巴士折價券」都可以在發售版期間內使用；換言之，若一天沒有玩夠，還可以再找一天搭乘循環巴士遊神戶，相當經濟實惠。

　　神戶街遊券售價為全票￥900，無半票；售票地點在三ノ宮車站東口的「ポートライナー」售票服務處，以及神戶地鐵的新神戶、三宮、新長田、地鐵海岸線各站的站長室。

神戶街遊券「阪神擴大版」

　　想要從大阪就開始享受神戶街遊券優惠的人，可以在大阪購買神戶街遊券的「阪神擴大版」，不必到三ノ宮車站才購買。

　　神戶街遊券「阪神擴大版」除了上述「神戶街遊券」所有的優惠之外，再加上大阪至神戶之間不限次數搭乘「阪神電車」，實在非常划算！

　　「阪神擴大版」售價為全票￥1,500，無半票；售票地點在阪神電車的梅田（大阪車站中央口前地面下）、尼崎、大阪難波、甲子園、御影及阪神三宮等各大車站的站長室。

神戶街遊券「阪急擴大版」

　　另外還有一種神戶街遊券「阪急擴大版」的車票，與「阪神擴大版」不同之處在於將「阪神線」電車換成「阪急線」電車；亦即除了「神戶街遊券」所有的優惠之外，範圍更擴大到京都地區，也就是大阪、神戶、京都之間不限次數搭乘「阪急電車」，所以相當經濟划算！至於是否要購買，端看自己的行程規劃而定。

　　「阪急擴大版」售價為全票￥1,700，無半票；售票地點在阪急電車的梅田（大阪車站御堂筋北口地面下）、十三、塚口、宝塚，神戶的阪急三宮，京都的阪急河原町、桂、高槻市、茨木市等各大車站的「旅客服務處」（ご案内カウンター）。

神戶觀光循環巴士乘車券

（CITY LOOP 循環バス乘車券）

除了搭乘電車之外，如果想利用觀光循環巴士暢遊神戶市區，則可以購買「神戶觀光循環巴士乘車券」。與「神戶街遊券」比較，搭乘觀光循環巴士的優點是可以飽覽神戶市區的街景，但缺點則是每逢周末假日人滿為患，有時巴士來了卻因人太多而無法上車，必須再等下一班；而搭乘電車則沒有這種煩惱。因此建議讀者，想要利用循環巴士暢遊神戶，最好避開周末假日。

綠色車廂的神戶觀光循環巴士是由神戶國際觀光協會所經營。使用循環巴士乘車券，可以在一天之內不限次數搭乘觀光循環巴士，有利於自助旅遊者行程的安排。

神戶觀光循環巴士從「中突堤」（神戶港燈塔）發車，途經港口廣場、南京町（中華街）、舊居留地、三宮中心商店街、地鐵三宮車站、北野異人館街、布引香草園（夢風船纜車）、新神戶車站，再繞回地鐵三宮車站，最後到達美利堅公園，共有十七個站。此外，憑乘車券參觀北野異人館街的建築物或神戶市內的博物館、美術館、神戶港燈塔、神戶港巡行等，都可以享受折扣優惠，相當划算！

神戶觀光循環巴士的營運時間從上午 9:00 開始，平日末班車發車時間為下午 5:34（假日則為下午 5:58），每隔 15 ~ 20 分鐘　班；新年期間（12 月 29 日 ~ 翌年 1 月 1 日）公休。乘車券的票價為全票 ¥ 650，半票 ¥ 330；也可以單次搭乘，每趟車資為全票 ¥ 250，半票 ¥ 130。

想要購買者，可直接向觀光巴士司機購買，或是洽詢三ノ宮車站的「神戶市綜合服務中心」（総合インフォメーションセンター）、新神戶車站的「觀光服務處」（觀光案內所）。

京都市公車一日券

（市バス專用一日乘車券カード）

在京都市內旅遊，以搭乘公車較為便捷；由於車次多、路線完善，不但能彌補地鐵路線的不足，也能趁此機會瀏覽京都市街的風光。京都市公車的車資為成人￥220，兒童￥110；因此，如果想要用最省錢的方式搭乘公車體驗京都之美，建議購買「京都市公車一日券」，可以省下不少車錢。

使用公車一日券，可以在一天之內無限次搭乘京都市公車，只要搭車次數超過三次以上就划得來。每張一日券的票價為全票￥500，半票￥250；至於詳細的公車路線圖，購票時會隨票附贈。售票地點在京都車站中央口（烏丸口）出口右前方的「公車服務處」（バス總合案內所）。

京都觀光一日乘車券

「京都觀光一日乘車券」使用的範圍比「京都市公車一日券」更廣，除了上面所提到的京都「市公車」之外，也包含「京都市營地鐵電車」及「京都バス」（京都巴士）；讀者可以根據自己的旅遊行程，決定是否購買使用。

除了一日乘車券之外，也有「京都觀光二日乘車券」的販售，可以連續使用兩天，讓喜歡京都的遊客更深入地認識這座日本古都。

京都觀光一日乘車券的票價為全票￥1,200，半票￥600；二日券的票價為全票￥2,000，半票￥1,000。售票地點就在京都車站出口右前方的「公車服務處」。

日本關西鐵路周遊券

（JR-West Rail Pass, Kansai Area Pass）

「日本關西鐵路周遊券」是西日本鐵路公司（JR）為外國遊客設計的優惠車票，使用的範圍涵蓋了大阪、神戶、姬路和京都、奈良地區，其中也包含關西國際機場到大阪、京都的特急 HARUKA 電車（自由席）；因此，相當適合在關西地區做長距離旅行時使用。

關西鐵路周遊券依使用的天數分為 1 天、2 天、3 天及 4 天四種，遊客可以在使用期限內，不限次數搭乘上述地區的 JR 普通、快速及新快速電車，但不可以搭乘新幹線子彈列車及其他對號入座的列車。

想要購買時，可以先透過台灣的旅行社代購「兌換券」，到日本後，再兌換成周遊券；也可以在大阪關西國際機場或日本各大車站的「みどりの窓口」（綠色窗口）購買。在日本購買時，必須出示護照，並符合下列三項資格的外國人才可以購買：

1. 以「短期停留」簽證（含免簽證）到日本旅遊者。
2. 持有出入國管理卡（出國用）及返國機票者。
3. 在日本旅遊期間第一次購買者，且每人限購一張。

購買時可以索取詳細的使用方法、使用範圍等相關資料。

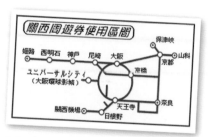

關西鐵路周遊券票價

票別／票價	使用天數			
	一天	二天	三天	四天
全票	￥2,000	￥4,000	￥5,000	￥6,000
半票	￥1,000	￥2,000	￥2,500	￥3,000

全國優惠車票

青春 18 車票（青春 18 きっぷ）

　　青春 18 車票是一種季節性的「5 日套票」，一年當中只有三段期間可以購買使用。每張車票可以自己一個人使用，也可以幾個人一起合用；可以連續 5 天使用，也可以間隔好幾天再使用，彈性相當大。

　　遊客可以在使用期限內，不限次數搭乘日本全國的 JR 普通、快速、特快（新快速）電車及 JR 宮島航路的連絡船，其餘車種則不能搭乘；不過，由於沒有使用者國籍或年齡的限制，廣受日本國內自助旅行者的喜愛。

　　每張車票的票價為 ¥ 11,500，沒有半票，平均一天的車資為 ¥ 2,300。以日本車資標準而言，算是相當便宜的，讀者們可以根據自己的行程決定是否購買使用。售票地點在 JR 各大車站的綠色窗口（みどりの窗口）、旅遊服務處（びゅうプラザ）或各大旅行社。

售票及使用期限

售票季節	售票期間	使用期限
春季車票	2 月 20 日～3 月 31 日	3 月 1 日～4 月 10 日
夏季車票	7 月 1 日～8 月 31 日	7 月 20 日～9 月 10 日
冬季車票	12 月 1 日～12 月 31 日	12 月 10 日～翌年 1 月 10 日

日本鐵路周遊券（Japan Rail Pass）

　　雖然在大阪地區旅遊不需要使用「日本鐵路周遊券」；不過，為了讓讀者也能瞭解這種優惠車票，在此特別做一些說明。

　　到日本自助旅行時，如果行程中必須搭乘新幹線子彈列車，就應該先預購日本鐵路周遊券；不但方便，而且可以省下不少交通費用。舉例說明：從大阪「關西國際機場」到「新大阪車站」再到「東京」，搭乘「JR 特急 HARUKA 電車」加上「新幹線子彈列車」往返的車資共需￥33,460，而一張可以使用 7 天的周遊券只要￥28,300。

　　周遊券依使用的天數分為 7 天、14 天及 21 天三種，遊客可以在使用期限內，不限次數搭乘日本全國的 JR 電車、新幹線子彈列車（但のぞみ希望號除外）、JR 長途巴士及JR 宮島航路的船隻。

　　購買及使用周遊券的資格限制為：持用「短期停留」的簽證到日本旅遊的外國觀光客。如果是日本國籍者，必須符合下列三項條件之一，才可以購買使用：

1. 具有住在國永久居留權者。
2. 住在外國達十年（含）以上者。
3. 與外國人結婚，而且不住在日本者。

日本鐵路周遊券

　　遊客必須先在其國內購買「兌換券」，到日本後，再兌換成周遊券。購買兌換券時，會隨券附贈詳細的使用方法、兌換地點、各 JR 服務中心的營業時間、子彈列車種類、日本全國新幹線地圖等相關資料。

　　周遊券的等級雖然分為「綠色車廂」及「普通車廂」兩種；不過，根據筆者實際使用的經驗認為，只是車廂及票價不同，其他並沒有什麼差別。

日本鐵路周遊券票價

等級 天數／票價	綠色車廂（Green）		普通車廂（Ordinary）	
	成人	兒童	成人	兒童
7 天	￥37,800	￥18,900	￥28,300	￥14,150
14 天	￥61,200	￥30,600	￥45,100	￥22,550
21 天	￥79,600	￥39,800	￥57,700	￥28,850

緊急聯絡單位

　　旅日期間，萬一真有急需，可以請求投宿的旅館幫忙、聯絡台北駐日代表處、撥打旅外國人急難救助專線或向 AMDA 國際醫療情報中心求助。

台北駐日代表處

台北駐大阪經濟文化辦事處

· 地址：大阪市西區土佐堀 1-4-8，日榮大樓 4 樓。
· 電話：（06）6443-8484。
· 上班時間：周一至周五 9:00 ～ 12:00，13:00 ～ 17:00
· 急難救助專線：090-8794-4568、090-2706-8277
· 交通：從地下鐵四つ橋線「肥後橋車站」3 號出口步行，
　　　　約 5 分鐘。

旅外國人急難救助專線

　　我國政府為了加強保護僑民及旅外國人安全，特別設立了「旅外國人急難救助全球免付費專線」，24 小時由專人接聽服務。讀者們在日本旅遊時，如果臨時發生急難事故，卻又無法與台北駐日代表處聯繫時，可直接或透過親友向外交部「旅外國人急難救助聯繫中心」尋求協助。

　　從日本直撥回台灣急難救助中心的免付費電話號碼為：001-010-800-0885-0885 或 0033-010-800-0885-0885，建議讀者們赴日旅遊前，先將電話號碼寫下來隨身攜帶。

AMDA 國際醫療情報中心

服務地區	電話	諮詢時間	語言
東京地區	(03)5285-8088	周一至周五（9:00 ～ 17:00）	華語
關西地區	(06)4395-0555	周二（10:00 ～ 13:00） 周三、周四（13:00 ～ 16:00）	華語

Part 4

台灣機場概況
Airport in Taiwan

↑ 🚌 高鐵/巴士乘車處
To High Speed Rail/Bus station

→ 🚕 計程車
Taxi

↑ 🅿 1,2號停車場
Car park 1,2

↑ 🚐 往第二航廈電車
T1↔T2 Skytrain to Terminal 2

↑ 🚌 遊覽車/飯店接駁車
Tour/Hotel bus

↑ 出境大廳
Departure hall

↑ ✉ 郵局
Post office

桃園國際機場

桃園國際機場

　　從桃園國際機場飛抵大阪關西國際機場的航程大約2.5小時。目前往返於兩機場的直航班機有：長榮（BR）、華航（CI）、國泰（CX）、復興（GE）、日本航空（JL）、樂桃（MM）、全日空（NH）及捷星亞洲航空（3K）。各航空公司的班機時刻大多會隨著旅遊季節做調整，詳細的航班及時刻表可直接上「桃園國際機場」網站查詢或電洽各航空公司詢問。

　　要特別注意的是，桃園國際機場有兩個航廈，即第一航廈（TERMINAL 1）與第二航廈（TERMINAL 2），讀者們要看清楚機票上的記載，以免跑錯航廈延誤報到時間。

從台灣出境

　　為了避免突發狀況，最好能在班機起飛前2小時到達機場辦理出境手續，其步驟如下：

1. 報到、劃位與託運行李

　　向搭乘的航空公司櫃台報到，並出示護照、機票辦理劃位及託運行李（頭等艙與商務艙 30 公斤、經濟艙 20 公斤，無大型行李則免託運）。完成後，領回護照、機票，並領取登機證與行李託運卡。

　　部分航空公司有提供「自助報到機台」服務，旅客可以利用自助報到方式辦理報到劃位手續，有興趣的讀者可以詢問所搭乘的航空公司。

2. 安全檢查

　　到「出境登機入口」接受安全檢查，須出示護照、登機證，將身上之金屬物品取下放入置物籃內，與隨身行李一同接受 X 光檢查，並走過金屬偵測門接受身體探測檢查。

　　要特別注意的是，超過 100 毫升的液體、膠狀及噴霧類物品必須放在託運行李內，不可隨身攜帶上機；沒有超過 100 毫升的上述物品必須裝在不超過 1 公升且可重複密封之透明塑膠袋內，才可以放在隨身行李中。

3. 查驗證照

　　到出境證照查驗櫃台，出示護照、登機證接受查驗。通過後，就可以走到登機門。行動不便者、孕婦或有需要協助者可向「出境服務台」請求協助，並由地勤服務人員協助推輪椅、攜帶行李、通關、登機等事項。

　　第二航廈出境查驗櫃台可辦理「自動查驗通關服務」，

有辦理者，往後從台灣出境都可以從自動查驗出口通關，不必再排隊等候。申辦者需準備護照與身分證（或健保卡、駕照均可），並符合下列資格：

· 年滿 14 歲且身高 140 公分以上。

· 沒有受入出國及移民法禁止出國處分之有戶籍國民。

4. 快樂登機

依照登機證上面的記載，走到登機門等候區聽候廣播登機。

入境台灣

從大阪飛回桃園國際機場後，順著「入境」的指標走，

準備辦理入境手續：

1. 人員檢疫

依照動線走到發燒篩檢站，接受紅外線體溫檢測。

2. 查驗證照

到入境證照查驗櫃台，出示護照接受查驗。通過後，就可以去提領行李。

　　第二航廈入
境查驗櫃台可辦理
「自動查驗通關服
務」，有辦理者，
往後入境台灣都可
以從自動查驗入口
通關，不必再排隊
等候。申辦者需準
備護照與身分證（或健保卡、駕照均可），並符合下列資格：
．年滿 14 歲且身高 140 公分以上。
．沒有受入出國及移民法禁止出國處分之有戶籍國民。

3. 領取行李

　　到行李檢查大
廳，看清楚所搭乘
班機的行李輸送機
台，等候領取行李。
若行李沒有超過免
稅限額且無違禁品
者，可以選擇「免
申報台」（綠線）通關；否則就必須由「應申報台」（紅線）
通關。

　　通關後，若不想提行李，機場內也有提供行李宅配服
務，服務處在第一航廈 1 樓出境大廳北側、第二航廈 1 樓
入境大廳南側與 3 樓出境大廳南側。

4. 平安賦歸

　　出了機場，就可以回家了。若有親友接機，尖峰時段
可以將小客車停在機場附設的停車場內，30 分鐘內離開者
免收停車費。

Part 5

日本機場概況

Airport in Japan

大阪關西國際機場

吃過飛機上的餐點後，準備休息一下了；這時，空服員會開始發「外國人入出境記錄卡」及「入關攜帶物品申報卡」。讀者們要記得索取，並在機上填寫完成。下飛機後，就可以節省許多時間入境日本。

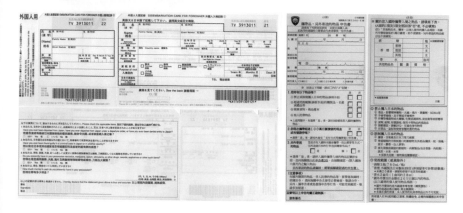

大阪關西國際機場

大阪關西國際機場是日本填海造陸所建設的機場，不但蓋得美輪美奐，也展現出日本人的設計美學。機場共有兩個航廈，無論是第一航廈或第二航廈，入境與出境的手續相同。

入境日本

飛抵大阪關西國際機場後，順著「到着」的指標走，搭乘接駁電車到入境審查大廳辦理入境手續：

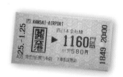

1. 查驗證照

在「入国審查」（入境證照查驗）櫃台，出示護照、外國人入出境記錄卡、入關攜帶物品申報卡接受查驗，護照套子必須拿掉。

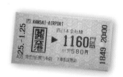

2. 按捺指紋、拍照存檔

查驗證照時，依照審查人員指示，按捺指紋並拍攝臉部照片。通過後，就可以去提領行李。

3. 領取行李

到行李檢查大廳，看清楚所搭乘班機的行李輸送機台，等候領取行李。

4. 快樂入境

拿到行李後，出示證明、入關攜帶物品申報卡接受海關檢查，就可以快樂地入境日本了。

機場→大阪及周邊交通

前往地區	搭乘車種	車資	時間
天王寺車站	JR 關空快速電車	¥1,030	52 分鐘
	JR 特急 HARUKA 自由席電車（指定席）	¥1,760 （¥2,070）	33 分鐘
大阪車站	JR 關空快速電車	¥1,160	70 分鐘
	JR 特急 HARUKA 自由席電車（指定席）→天王寺，轉乘 JR 大阪環狀線電車。	¥1,890 （¥2,400）	60 分鐘
南海難波車站	南海空港線急行電車	¥890	48 分鐘
新大阪車站	JR 關空快速電車→大阪，轉乘 JR 京都線快速電車。	¥1,320	82 分鐘
	JR 特急 HARUKA 自由席電車（指定席）	¥2,470 （¥2,780）	51 分鐘
京都車站	JR 特急 HARUKA 自由席電車（指定席）	¥2,980 （¥3,290）	76 分鐘
	JR 關空快速電車→大阪，轉乘 JR 京都線新快速電車。	¥1,830	115 分鐘

從日本出境

　　為了避免突發狀況，最好能在班機起飛前 2 小時到達機場辦理出境手續，讀者們要算好從旅館到機場的交通時間，以免延誤。

　　在大阪車站搭乘 JR 電車往關西國際機場時，若搭乘的是標示「関空/紀州路快速」的 8 節列車，則表示第 1～4 節車廂開往關西國際機場，第 5～8 節車廂開往和歌山，且列車會在日根野分開。若讀者搭到第 5～8 節車廂時不要緊張，只要先移動腳步到第五節車廂（第五節與第四節車廂不通）；等列車在日根野靠站時，從第五節車廂下車，再從第四節車廂上車就可以了。

1. 報到、劃位與託運行李
到「国際線出発ロビー」

（國際線出發大廳）找到搭乘的航空公司櫃台，出示護照、機票辦理劃位及託運行李。完成後，領回護照、機票，並領取登機證與行李託運卡。

2. 安全檢查

到「出発口」（出發口）接受安全檢查，須出示護照、登機證，將身上之金屬物品取下放入置物籃內，與隨身行李一同接受 X 光檢查，並走過金屬偵測門接受身體探測檢查。

要特別注意的是，超過 100 毫升的液體、膠狀及噴霧類物品必須放在託運行李內，不可隨身攜帶上機；沒有超過 100 毫升的上述物品必須裝在不超過 1 公升且可重複密封之透明塑膠袋內，才可以放在隨身行李中。

3. 查驗證照

在「出国審查場」（出境查驗櫃台）排隊，出示護照及登機證接受查驗，護照套子必須拿掉。通過後，就可以走到登機門。

4. 快樂登機

第一航廈登機者，登機門為 1 ～ 16 號及 26 ～ 41 號的旅客須搭乘接駁電車到登機門，101 ～ 103 號及 111 ～ 113 號的旅客則不必搭乘接駁電車。第二航廈登機者，直接走到登機門等候區聽候廣播登機。

暢遊大阪
Travel in Osaka

大阪
万博記念公園
ユニバーサルシティ（環球影城）
弁天町
大阪港
コスモスクエア（宇宙廣場）
トレードセンター前（貿易中心前）
淀屋橋
心齋橋

難波
日本橋
惠美須町
新今宮
天王寺
大阪城北詰
大阪天満宮
四天王寺前夕陽ヶ丘

大阪鐵路圖

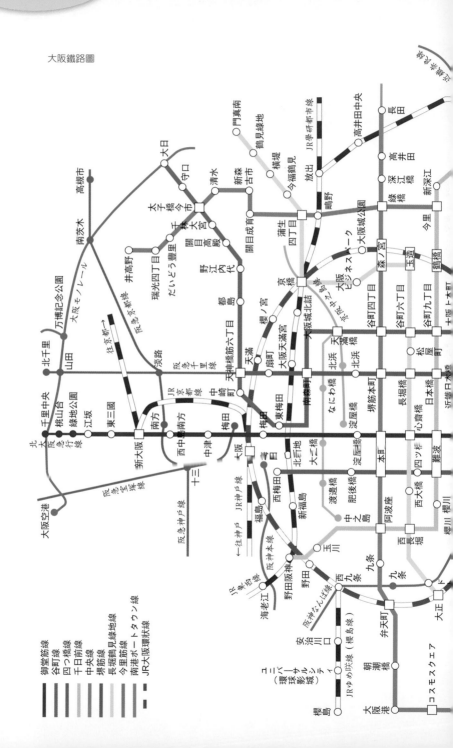

御堂筋線
谷町線
四つ橋線
千日前線
中央線
堺筋線
長堀鶴見綠地線
今里筋線
南港ポートタウン線
JR大阪環狀線

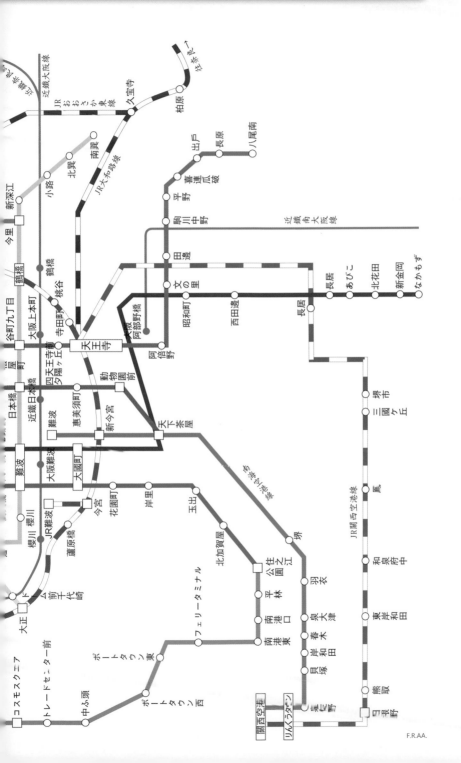

雖然大阪的鐵路交通運輸網非常複雜（詳見大阪旅遊須知），但在大阪旅遊時，最常搭乘的就屬「JR大阪環狀線」及「大阪市營地下鐵」（簡稱地鐵）。至於大阪車站的名稱，除了JR電車使用市名「大阪」之外，其餘鐵路公司都用地名「梅田」稱呼，地鐵梅田、東梅田、西梅田車站及阪神梅田、阪急梅田車站的售票處及入口都在JR大阪車站前的地下街裡。

JR大阪環狀線電車採取雙向循環方式（外回り、內回り）環繞大阪市區運行，車資在¥120～190之間，車程為2～20分鐘；地鐵共有九條路線，車資則在¥200～360之間。為了讓讀者輕鬆地掌握電車車資及車程時間，本書將以JR大阪環狀線「大阪車站」及市營地下鐵「梅田車站」作為路程起點，讀者們可以依據住宿旅館附近的車站做調整；另外，在搭乘電車時，只要注意本書中所提到的是JR電車或地鐵，就不會搭錯車，且能在各旅遊點間快速地接駁轉乘。

大阪、梅田
車站位置圖

N

空中庭園展望台
滝見小路

阪急梅田車站

HEP FIVE

JR大阪車站

阪急百貨

都島通

大丸百貨

扇町通

鐵梅田車站

阪神梅田車站

阪神百貨

曽根崎警察署

地鐵東梅田車站

地鐵西梅田車站

車站地下街

JR北新地車站

大阪（おおさか・Osaka）

如何前往：1. 大阪關西國際機場搭乘電車→大阪，詳細
　　　　　　　路線請參閱「日本機場概況」。

　　　　　2. JR 大阪環狀線任何一站搭乘電車→大阪。

　　　　　3. 大阪市營地下鐵任何一站搭乘（或轉乘）
　　　　　　　地鐵電車→梅田。

逛街購物：HEP FIVE 阪急娛樂購物中心。

景觀欣賞：HEP FIVE 摩天輪、空中庭園展望台。

美食享受：阪急東通商店街、滝見小路。

大阪車站御堂筋南口

HEP FIVE 阪急娛樂購物中心・摩天輪

　　HEP FIVE 阪急娛樂購物中心位於大阪梅田，巨大的紅色摩天輪是這裡的標的物，由於鄰近大阪車站、阪急百貨與阪急東通商店街，是大阪地區年輕人最喜歡聚集的場所。

　　這棟娛樂購物大樓共有地下二層及地上九層，進駐約 170 家店面，包含各式商店、餐廳與遊樂設施等，兼具購物、用餐與休閒娛樂之功能，是一棟複合式的娛樂購物中心。

　　從 1 樓大廳進入，就可以看到吊掛著紅色大鯨魚和小鯨魚模型，非常可愛！地下 2 樓為柏青哥遊樂場；購物商場則從地下 1 樓起至地上 6 樓，各種服飾店、化妝品店、珠寶店、日常用品店、背包店、眼鏡行等應有盡有。美食街設在 7 樓，無論是日本料理、西式餐飲、下午茶或美式簡餐，在這裡都吃得到；摩天輪入口也在 7 樓，跟身旁心愛的人一起欣賞夜景（票價￥500），千萬不要錯過！

此外，8 樓及 9 樓規劃為遊樂區，設置各式各樣的遊樂設施，讓小朋友們一次玩個夠！

Data

HEP FIVE 阪急娛樂購物中心／摩天輪
◎ 營業時間：購物區 11:00 ～ 21:00、餐廳區 11:00 ～ 22:30、遊樂區 11:00 ～ 23:00。
◎ 公休日：不定休。
◎ 交通：大阪車站「御堂筋南口」（中央口左邊）出來，過馬路進入「阪急百貨公司」直走，出了百貨公司就在馬路對面。
◎ 網址：www.hepfive.jp。

阪急東通商店街

梅田是大阪市北區最熱鬧繁華的商業區，也是大阪市的心臟地帶；尤其是「阪急東通商店街」和「阪急東中通商店街」的交界區域內，各式各樣的百貨公司、飯店、旅館、餐廳、地下商店街等都集中在這裡，使此處成為熱鬧繽紛的娛樂消費中心，充滿繁忙快速的商業氣息。

白天，梅田地區就已經是熱鬧非凡、商業活動興盛；到了夜晚，五光十色的霓虹燈到處閃爍，各種特殊風格的酒吧、料理店、俱樂部、PUB 等比鄰而立，使這裡成為商場人士交際應酬、尋歡作樂的不夜城。

Data

阪急東通商店街
◎ 交通：大阪車站「御堂筋南口」（中央口左邊）出來，過馬路進入「阪急百貨公司」直走；出了百貨公司後往右走，第一個紅綠燈往左越過馬路就到了。

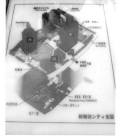

大阪車站中央北口

空中庭園展望台

空中庭園展望台位於新梅田城（新梅田シティ）的藍天大廈（梅田スカイビル）40 樓之頂。這棟大樓建於 1993 年，樓頂的展望台則於 1999 年才正式營業。展望台設計成開放式的「空中迴廊」，視野廣達 360 度，站在這裡俯瞰大阪地區，能感受到一股強烈的震撼效果。

遊客可以到 40 樓的咖啡廳品嘗香濃咖啡，或是到 39 樓的購物商場選購大阪特產，再帶回去送給親友！此外，位於地下 1 樓的美食街「滝見小路」設計成昭和初期（1926）的庶民小街，並有 20 多家經過嚴

Data

空中庭園展望台
◎ 開放時間：10:00 ～ 22:30。
◎ 門票：全票￥700、半票￥300。
◎ 交通：大阪車站中央北口出來，過右前方的紅綠燈後，順著往「新梅田シティ」的指標走，再通過地下人行道就到了。

格篩選，能代表大阪口味的餐飲店在這裡營業；不但能提供遊客美味的大阪料理，同時也充滿了懷舊與溫馨的氣氛。

滝見小路 (たきみこうじ，瀧見小路)

　　滝見小路就在梅田藍天大廈地下 1 樓，遊客一腳踏入便走在鋪石地面的胡同小巷，沿路的理髮店、郵局、老爺車、汲水幫浦、復古式公共電話等，營造出大正末期到昭和初期間的大阪街道氛圍，宛如時間倒流般，令人產生穿越時光隧道的錯覺。

　　這裡也是大阪著名的美食街，除了串燒烤肉、大阪燒、拉麵、章魚丸子、居酒屋等受歡迎的美食之外，也有西式餐飲、韓國料理、咖啡簡餐等20 多家各式餐飲店，讓遊客沉浸在大阪懷舊氛圍的同時，也能享受道地的美食料理，值得一遊！

万博記念公園
（ばんぱくきねんこうえん，
Banpaku-kinen-koen）

如何前往：地鐵梅田車站（或任一站）搭乘「地鐵御堂
　　　　　筋線、北大阪急行線」電車→千里中央（車
　　　　　資￥350，車程 19 分鐘），轉乘「大阪モノ
　　　　　レール」電車→万博記念公園（車資￥240，
　　　　　車程 6 分鐘）。

旅遊景點：萬博紀念公園。

萬博紀念公園

　　1970 年時，在大阪舉行的萬國博覽會盛況空前；由於
這次博覽會是以「人類之進步與和諧」為主題，因此吸引世
界各國共襄盛舉。根據資料統計，當時與會的國家共有 77
個，而在博覽會期間入場參觀的遊客高達 6,422 萬人，打破
史上空前紀錄！

由於大會的圓滿成功，日本政府決定將占地寬廣的會場綠地規劃為文化公園，使這裡成為日本全體國民的共有財產；同時，為了感謝世界各國對這次博覽會的大力協助，決定繼續加以投資擴建，並提供給世界各國參觀與運用，以達成資源共享的目的。

園內規劃有自然文化園、日本庭園、國立民族學博物館、日本民藝館等區域，可以參觀、研究的內容相當豐富與多元，值得一覽！

Data

萬博紀念公園
◎ 網址：www.expo70.or.jp

萬博紀念公園園區開放時間、門票：（周三休園）

園區名稱	開放時間	門票
自然文化園	9:30 ～ 18:00	二園共通券全票￥250、半票￥70。
日本庭園	9:30 ～ 18:00	
民族學博物館	10:00 ～ 17:00	全票￥420、學生票￥250、兒童票￥110。
日本民藝館	10:00 ～ 17:00	全票￥700、學生票￥450、兒童票￥100。

ユニバ―サルシティ
（環球影城，Universal-City）

如何前往：1. 大阪車站（或任一站）搭乘「JR大阪環狀
線」電車→西九条，轉乘「JRゆめ咲線（櫻
島線）」電車→ユニバーサルシティ（車
資￥170，車程12分鐘）。

2. 大阪車站搭乘「JRゆめ咲線（櫻島線）」
電車→ユニバーサルシティ（車資￥170，
車程11分鐘）。

超人氣樂園：日本環球影城。

購物美食：大阪環球購物街。

日本環球影城（UNIVERSAL STUDIOS JAPAN）

2001年3月31日新開幕的「日本環球影城」，是將「美
國環球影城」移植境外的第一座超大型影城；它不但是大阪
地區最新的超炫遊樂場所，也是全世界最大的影城。

日本環球影城內的設計與布置大多以美國環球影城為
藍本，都是運用特殊的現代科技創造出各式各樣令人讚嘆的
想像空間，將亞洲絢麗光輝的好萊塢電影場景一一呈現，如：

「侏羅紀公園」、「外星人 E.T.」、「魔宮傳奇」、「大白鯊」、「魔鬼終結者」、「回到未來」、「水世界」等，都是紅極一時的熱門鉅片。遊客置身其中，除了娛樂效果之外，也能重新感受片中情節，令人回味無窮！

　　整座影城規劃為七大主題區域：

1. 好萊塢區：好萊塢的風華年代在這裡再度呈現，遊客可以看到由吸血鬼、狼人、貝特宙斯、科學怪人夫婦所組成的「妖魔鬼怪搖滾樂」的表演，也能欣賞到 50 年代美國最流行的「好萊塢高音演唱」及「滑行舞表演秀」，或者和「布魯斯兄弟」及「卡爾勞斯」一起體驗熱情洋溢的「邁阿密風情」，同時還能深入探究「魔怪七十二變」精采絕倫的特殊化妝效果，並由天才導演史蒂芬史匹柏為你揭開「環球影城魔術影像」其中的奧祕！

2. 紐約區：還記得來自未來的「魔鬼終結者」阿諾史瓦辛格驚險的援救任務嗎？發生的地點就在紐約區！讓

我們一起穿越時光隧道，透過 3D 立體影像，為未來人類和機器人的正義之戰加油喝采吧！戰勝之後，再一起到街上看看年輕人充滿活潑朝氣的 Hip Hop「街舞表演」！

3. 舊金山區：在這裡，我們即將搭上時空穿越機「回到未來」，體驗翻山越嶺、穿越時空的超速快感！此外，遊客也將目睹「浴火赤子情」的驚險場面，親身體會猛烈火勢的威脅與可怕。

4. 侏羅紀公園：想深入六千五百萬年前的侏羅紀原始叢林探險嗎？你敢與生性凶猛的大暴龍面對面接觸嗎？如果膽子夠大，歡迎你來挑戰！在這裡，園方特別準備了「伊思拉‧奴布拉舞蹈團」熱情奔放的拉丁舞蹈為迎賓揭開序幕。

5. 親善村：還記得那尾搞得人心惶惶的恐怖「大白鯊」嗎？牠回來了，真的回來了！人家十萬不要靠近這裡，除非你膽子夠大，而且不怕死，再來向牠挑戰吧！

6. 史奴比攝影室：可愛的史奴比與花生家族帶領你一起到「史奴比音響舞台冒險」，也和你一起在「史奴比遊樂場」裡歡度美好的夏日時光。

7. 西部牛仔區：來到這裡，你將大飽眼福，除了有一群來自美國西部的牛仔們一流身手的「西部牛仔表演秀」之外，靈犬萊西和貝多芬大丹狗也將和其他可愛的動物明星們一起為遊客做精采的現場秀表演。

園方特別設計的「水世界」驚爆特技和「好萊塢魔法舞」的水上夜空魔幻演出等，更增添了影城的休閒娛樂功能。當然，在每個區域裡也都設置了各具特色的紀念品專賣店及各式口味的餐飲店、咖啡廳，以滿足所有顧客的需求。

Data

日本環球影城
◎ 營業時間：依季節調整，淡季周一至周五 10:00 ～ 17:00，周末假日 10:00 ～
　　19:00；賞櫻期、春假、暑假等旅遊旺季為 9:30 ～ 20:30，詳細
　　時間請參閱網頁公告。
◎ 公休日：不定休。
◎ 門票：一日券（1Day Studio Pass）全票￥6,600、半票￥4,500、65 歲以上
　　￥5,900；二日券（2Day Studio Pass）全票￥11,100、半票￥7,600。
◎ 網址：www.usj.co.jp

大阪環球購物街

（ UNIVERSAL CITYWALK OSAKA ）

　　大阪環球購物街位於日本環球影城旁，是一棟兼具逛街購物與美食享受的娛樂商業大樓。整棟大樓的設計規劃仿造美國好萊塢的風格，充滿現代感的活潑與朝氣，能讓遊客充分享受逛街購物的樂趣！

　　這棟娛樂大樓共有 5 層樓，由於地勢與建築的關係，1、2 樓規劃為停車場，3 樓以販售漢堡、御飯糰、鬆餅、咖啡等簡餐與服飾、禮品、飾品店等為主。5 樓則以各國料理餐廳為主，如：日式拉麵、大阪燒、定食、中華料理吃到飽、北印度料理、義大利麵、韓式料理、美式料理等應有盡有，頗能滿足饕客們的口腹之慾。

Data

大阪環球購物街
◎ 營業時間：11:00 ～ 22:00。
◎ 公休日：各家店鋪不定休。
◎ 網址：ucw.jp

　　值得一提的是，4 樓除了各式餐飲及個性商店之外，特別規劃「大阪章魚丸子博物館」，網羅大阪最有名的 5 家店在此設置分店，即：會津屋本店、道頓堀的くくる、美國村的甲賀流、十八番和阿倍野的小山（やまちゃん）等，讓遊客能同時品嘗各店不同口味的章魚丸子。

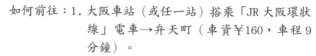

弁天町
（べんてんちょう，Bentencho）

如何前往：1. 大阪車站（或任一站）搭乘「JR 大阪環狀
線」電車→弁天町（車資￥160，車程 9
分鐘）。
2. 地鐵梅田車站搭乘「地鐵御堂筋線」電車
→本町，轉乘「地鐵中央線」電車→弁天
町（車資￥230，車程 10 分鐘）。

主題博物館：交通科學博物館。

交通科學博物館

交通科學博物館展出實際的車輛實體，從歷史、文化、
科學與技術四個層面來介紹日本鐵路交通的發展與演進，並
展示許多珍貴的史料，讓遊客經由實際的接觸與觀察瞭解
這些具有歷史意義的車輛；其中，明治時期北海道第一輛
美國製蒸氣火車頭「義經號」更是展出的重點。

在館內的「鐵道模型室」中，設置了以八十分之一
為比例的電車軌道模型，軌道總長約 400 公尺，並透過
大型螢幕讓遊客感受新幹線子彈列車疾馳的快感！在這
裡，遊客還可以看到特快電車、通勤電車、寢台特急列
車等各種電車模型的行駛過程，深受小朋友及電車迷們
的喜愛！

小朋友可以坐在駕駛模擬艙中，親手操作駕駛電
車，隨著窗景的變化，體驗駕駛電車的真實感，藉此讓
小朋友對鐵路運輸產生興趣！

除了動態的操作之外，館中資料的展示也能增進遊客
對日本交通發展歷史、關
西鐵路演進，以及日本鐵
路發展過程等知識有更
進一步的認識，可以說
是全家同遊的好去處！

Data

交通科學博物館
◎ 開館時間：10:00 ～ 17:30。
◎ 休館日：周一（暑假期間無休）、新年期間（12 月 29 日～翌年 1 月 2 日）。
◎ 門票：全票（高中以上）￥400、半票（國中～ 4 歲）￥100。
◎ 交通：1. 從 JR 弁天町車站南口出來就到了。
2. 從地鐵弁天町車站 4 號出口出來就到了。
◎ 網址：www.mtm.or.jp

大阪港
（おおさかこう，Osakako）

如何前往：1. 地鐵梅田車站（或任一站）搭乘「地鐵御
堂筋線」電車→本町，轉乘「地鐵中央線」
電車→大阪港（車資￥270，車程16分鐘）。

2. 大阪車站（或任一站）搭乘「JR大阪環狀
線」電車→弁天町（車資￥160，車程9
分鐘），往南口方向轉乘「地鐵中央線」
電車→大阪港（車資￥230，車程6分鐘）。

推薦景點：天保山港口村、海遊館、天保山大摩天輪。

購物美食：天保山市集。

港灣巡行：「聖瑪麗亞號」觀光船。

天保山港口村（天保山ハーバービレッジ）

　　天保山港口村位於大阪港畔、安治川出海口，周遭的
觀光建設充滿濃厚的國際色彩，使天保山港口村成為大阪港
濱著名的觀光旅遊景點。

　　跨越在安治川上的天保山大橋，高度約46公尺，造型
優美，是天保山港口村的象徵。港口村內有許多超人氣的觀
光設施，如：擁有世界最大型水槽的「海遊館」、
兼具購物美食功能的「天保山市集」、搭載遊客進
行大阪港灣巡行的「聖瑪麗亞號」觀光船，以及世
界最大的「天保山大摩天輪」等，都值得一遊！

Data

天保山港口村
◎ 交通：從車站1號出口出來，
　　　　再走約5分鐘就到了。

海遊館

　　海遊館是一座以海洋生態及海中生物表演為主題的休閒娛樂中心，也是大阪地區非常有名且超人氣的超大型新式水族館。這座超大型水族館共有 8 層樓，海水容量高達 5,400 噸，置身其中，讓你感覺彷彿就置身於遼闊的太平洋海域之中，也讓遊客親身領略到海洋世界的奧祕與偉大。

　　館內分成 14 個展示區，分別為：日本之森、阿留申群島、蒙特雷灣、巴拿馬灣、厄瓜多爾熱帶雨林、南極大陸等，飼養的海中生物約有 580 種之多，包含了熱帶、副熱帶、溫帶及寒帶地區的魚類和海洋生物，令人看得目不暇給！其中如：海豚、國王企鵝、大海龜、大鯨魚、海獺、彩嘴巴哥鳥等，都是相當受歡迎的動物明星喔！

　　此外，還有一座水母館，提供遊客更進一步地觀察與認識水母生態；有興趣的朋友不妨去參觀看看，保證不虛此行，而且值回票價！

Data

海遊館
◎ 開館時間：10:00 ～ 20:00，暑假期間為 9:30 ～ 20:00。
◎ 休館日：不定休，請參閱網頁公告。
◎ 門票：全票（高中以上）￥2,000、半票（國中、小）
　　　　￥900、幼兒票（4～6 歲）￥400。
◎ 套票：「海遊館＋大摩天輪」全票￥2,600，無半票。
◎ 網址：www.kaiyukan.com

天保山市集（天保山マーケットプレース）

　　天保山市集是天保山港口村裡的購物美食中心，也提供遊客休憩的功能，共有 3 層樓。除了 1 樓為停車場之外，

其他兩層樓都是混合式規劃，每層樓都有服飾店、鞋店、主題商店、紀念品店、料理餐廳、咖啡廳及各種遊樂設施等。

值得一提的是，位於 2 樓的「浪速美食橫丁」（なにわ食いしんぼ横丁）以昭和 40 年代（1965）為背景，呈現出當時的大阪車站前商店街景象，不但重現大阪庶民的生活樣貌，也精選具代表性的老店在這裡設置分店，讓遊客體驗大阪古早味的飲食文化，如：蛋包飯、豬肉湯麵、炒蕎麥麵、大阪味咖哩飯、烤花枝、大阪燒、章魚丸子等，都是道道地地的「大阪之味」，值得去品嘗看看！

有購買「大阪海遊一日券」（ŌSAKA 海遊きっぷ）者，記得要向服務台出示一日券，就可以獲得 2 樓「浪速美食橫丁」美食街的折價券，享受大阪美食。

「聖瑪麗亞號」觀光船

位於海遊館旁的「聖瑪麗亞號」觀光船，是以哥倫布發現美洲新大陸時的旗艦為藍本，放大兩倍的規模所建造而成；換言之，哥倫布當時的「聖瑪麗亞號」只有大阪這艘觀光船的二分之一。

「聖瑪麗亞號」的 1 樓船艙中展示與哥倫布相關的史料，供遊客參觀；2 樓船艙設有餐廳，提供遊客餐飲服務；3 樓船艙視野佳，座位寬敞，遊客大多集中在這裡欣賞大阪

港灣的景致。

乘坐這艘復古式的觀光船遊覽大阪港時，港濱的景物盡入眼簾，遊客能親身體驗大阪港區的進步與現代化，感覺相當棒！

觀光船營運時間、船票

項目	日遊	夜遊
營運月份	全年	4～10 月
營運時刻	11:00～17:00，航程 45 分鐘，每小時一班。	19:00～21:00，航程 1.5 小時，採預約制。
船票	全票￥1,600、半票￥700。	全票￥2,500、半票￥1,250。
日遊套票	1.「海遊館＋聖瑪麗亞號觀光船」全票￥2,900，無半票。 2.「大摩天輪＋聖瑪麗亞號觀光船」全票￥2,000，半票￥1,320。	

天保山大摩天輪（大觀覽車）

天保山大摩天輪位於天保山市集旁，直徑 100 公尺，離地高度 112.5 公尺。大摩天輪共有 60 個客艙，繞行一圈約 15 分鐘，晴天時搭乘大摩天輪，視野極佳，向四面眺望，無論是生駒山、明石海峽大橋、大阪關西國際機場或六甲山等都看得一清二楚，令人心曠神怡！遊客搭乘時，客艙內播音系統會用日語和英語介紹附近的美景風光。

天保山大摩天輪自 1997 年 7 月 12 日開始營運，至 2000 年 10 月 11 日止，搭乘客數已超越 1,000 萬人次。為了讓遊客體驗更刺激的感受，有兩個透明客艙的設置，置身其中就像飄浮在高空中一般，令人腳底發麻，有興趣的朋友可以去試試自己的膽量！

到了夜晚，大摩天輪會投射出五彩繽紛的色彩，每隔 30 分鐘也會利用燈光顏色預報天氣，晴天紅色、陰天綠色、雨天藍色，只要看它的顏色，就知道隔天的天氣如何了，相當有趣！

Data

天保山大摩天輪（大觀覽車）
◎ 營業時間：10:00～22:00。
◎ 公休日：與海遊館休館日相同。
◎ 門票：觀覽券（3 歲以上）￥700。
◎ 套票：1.「海遊館＋大摩天輪」全票￥2,600，無半票。
　　　　2.「聖瑪麗亞號觀光船＋大摩天輪」全票￥2,000，半票￥1,320。

コスモスクエア
（宇宙廣場，Cosmosquare）

如何前往：
1. 地鐵梅田車站（或任一站）搭乘「地鐵御堂筋線」電車→本町，轉乘「地鐵中央線」電車→コスモスクエア（車資¥270，車程19分鐘）。
2. 大阪車站（或任一站）搭乘「JR大阪環狀線」電車→弁天町（車資¥160，車程9分鐘），往南口方向轉乘「地鐵中央線」電車→コスモスクエア（車資¥230，車程9分鐘）。

主題展示館：海洋時空館。

海洋時空館（Osaka MariTime Museum）

　　海洋時空館以海洋與船舶為主題，於 2000 年 7 月 14 日開幕，是大阪地區新興的休閒娛樂中心，兼具遊樂與教育之功能。

海洋時空館的造型相當特殊，直徑70公尺的半圓形巨球漂浮於海面上，在陽光照耀下反射出耀眼的光芒，相當引人注目！

遊客購票後，須先搭乘電梯進入海底，再通過一條長約60公尺的海中步道，才能進入「海洋時空館」，是一項非常新鮮的體驗。

海洋時空館共有4層，各樓層展出不同的主題。1樓是以「海之誘惑」為主題，其中的「海之映像館」及「海之冒險館」以影片及現代科技，讓你體驗海洋的奧祕與偉大，深受遊客所喜愛。2樓是以「船的展示」為主題，其中最著名的就是江戶時代的菱垣迴船「浪華丸」實物展示，讓遊客能親眼目睹當時船隻的建造型式與結構。3樓則是以「大阪港的繁榮」為主題，介紹大阪港的過去、現在與未來發展的規劃等。4樓所展示的主題則是以「海洋的文化交流」為重點，主要是介紹世界各海洋國家文化交流的歷史、航海術的發展、海上貿易及相關的美術作品展等，內容十分豐富。因此，海洋時空館可以說是一座超越時空，充滿知識與歡樂的海上巨蛋。

Data

海洋時空館
◎開館時間：10:00～18:00，暑假期間10:00～20:00。
◎休館日：周一及新年期間。
◎門票：高中以上￥600，高中以下免費入場；海之映像館、海之冒險館須另外購票。
◎交通：從車站1號出口步行，約10分鐘。回程時，若不想走路，可以搭乘循環公車（車資￥100）回車站，再從2號口進入搭電車。
◎網址：www.jikukan-ogbc.jp

トレードセンター前（貿易中心前，Trade Center-mae）

如何前往：1. 地鐵梅田車站（或任一站）搭乘「地鐵御堂筋線」電車→本町，轉乘「地鐵中央線」電車→コスモスクエア，再轉乘「南港ポートタウン線」電車→トレードセンター前（車資￥270，車程21分鐘）。
2. 大阪車站（或任一站）搭乘「JR大阪環狀線」電車→弁天町（車資￥160，車程9分鐘），往南口方向轉乘「地鐵中央線」電車→コスモスクエア，再轉乘「南港ポートタウン線」電車→トレードセンター前（車資￥230，車程11分鐘）。

逛街購物：亞洲太平洋商業中心。

亞洲太平洋商業中心

（ATCタウンアウトレット　マーレ）

亞洲太平洋商業中心是大阪南港地區新興的超人氣觀光景點，也是日本最大型的百貨購物中心。

中心內六十多個專櫃區大多集中在4～6樓，所陳列與販售的物品來自世界各國；不但種類繁多，品質一流，而且價格也很合理，每天都吸引大量追求時髦的年輕人到此採購。此外，遊客也可以在大樓裡的餐廳、料理店品嘗世界各國口味的佳餚，保證一定能滿足你的口腹之慾！

位於商業中心旁的「宇宙塔」（WTCコスモタワー），高約256公尺，是大阪港區最高的建築物，也是大阪港的象徵。宇宙塔上設有展望台，遊客可以登上展望台，欣賞大阪港灣的景致；尤其是在黃昏時，柔和的夕陽餘暉將大阪港的海面染成一片橘紅色的煙波，也成為這裡著名的美景。

淀屋橋
（よどやばし，Yodoyabashi）

如何前往：1. 地鐵梅田車站（或任一站）搭乘「地鐵御
堂筋線」電車→淀屋橋（一站，車資¥200，
車程2分鐘）。

2. 大阪車站（或任一站）搭乘「JR大阪環狀
線」電車→京橋（車資¥160，車程7分
鐘），轉乘「京阪中之島線」電車→なに
わ橋（車資¥150，車程5分鐘）。

休閒散步：中之島公園。

藝術欣賞：大阪市立東洋陶磁美術館。

中之島公園

中之島公園位於堂島川與土佐堀川之間，面積廣達0.6
公頃，河岸步道延長約1.5公里，是大阪市民休憩散步的最
佳去處。

這座位於中之島東側的河濱公園創立於明治24年
（1891），是大阪市內誕生的第一座新式公園。園區裡栽植
89種，約4,000多株各式各樣的植物，隨著季節的變化，爭

奇鬥豔的百花將中之島公園點綴得美輪美奐，其中的大玫瑰園更是享譽關西。由於公園就在市中心區，川邊又有河岸步道供民眾散步賞景，時常吸引許多情侶到此共度歡樂時光。

公園最右側的噴泉每隔 30 分鐘噴一次水，成為拍照的最佳景點。越過噴泉附近的天滿橋，則可以到達地鐵天滿橋車站，搭乘地鐵谷町線電車接駁。

Data

中之島公園
◎ 交通：1. 從「淀屋橋車站」1 號出口出來，過橋後向右走就到了。
　　　　2. 從「なにわ橋車站」3 號出口出來就到了。

大阪市立東洋陶磁美術館

大阪市立東洋陶磁美術館於 1982 年 11 月開館，館中的收藏品包含中國、韓國及日本的陶磁器，再加上波斯陶器與中國鼻煙壺等，共約 1,000 多件；其中有 2 件日本國寶及 13 件稀世罕見的珍寶，收藏品的質與量都堪稱世界第一。

館方選出 400 多件具有代表性的陶磁藝術品做有系統的展出，並分別介紹中國、韓國及日本各朝代陶磁器的特色與製作方法；此外，每年也舉辦 1 ～ 2 次的企劃展，希望藉由專門主題的展覽，讓參觀者能更深入認識與欣賞陶磁藝品。

為了保護這些無價之寶，館方的展示廳利用自然採光方式，配合迴轉式展示台及避震展示台等設計展出，以免這些珍貴的文化財產受損，對陶磁藝術品有興趣的人不妨去參觀看看！

Data

大阪市立東洋陶磁美術館
◎ 開館時間：9:30 ～ 17:00。
◎ 休館日：周一、新年期間（12 月 28 日～翌年 1 月 4 日）、展品更換期間。
◎ 門票：全票￥500、學生票（大學、高中生）￥300，國中以下免費。
◎ 交通：1. 從「淀屋橋車站」1 號出口出來，過橋後向右走約 5 分鐘就到了。
　　　　2. 從「なにわ橋車站」1 號出口出來到了。
◎ 網址：www.moco.or.jp

心齋橋（しんさいばし，Shinsaibashi）

如何前往：1. 地鐵梅田車站（或任一站）搭乘「地鐵御堂筋線」電車→心齋橋（車資¥230，車程6分鐘）。
　　　　　2. 地鐵難波車站搭乘「地鐵御堂筋線」電車→心齋橋（一站，車資¥200，車程2分鐘）。
　　　　　3. 從地鐵難波車站14號出口順著御堂筋往北走，約5分鐘就到心齋橋。

逛街購物：美國村、歐洲通。

美國村（アメリカ村）

　　美國村位於地鐵心齋橋站、御堂筋大馬路左側，是大

阪年輕文化的發源地；如同東京的原宿一般，每逢周末假日，大阪地區的年輕人都會聚集於此，使這裡充滿歡樂活潑的朝氣與活力。

在這裡，瀰漫著一股年輕人追求西方流行的風氣；此處的商店，不但門面是美式風格，店內主要販售的物品，如：皮夾、服飾、鞋子、運動用品、小飾物等，也都追求美式流行，與一般日本傳統風味的商店街大異其趣！

這裡的「三角公園」地帶更是時髦與新潮的代名詞；許多打扮另類、穿著前衛的日本年輕人會聚集在這裡，展現個人特色的穿著品味風格，吸引不少遊客駐足欣賞或與他們拍照留念。

歐洲通（ヨーロッパ通）

歐洲通位於美國村對面，御堂筋右側，所展現的又是另一番風味。如果說，美國村所代表的是日本青少年文化的呈現；那麼，歐洲通則可以說是日本高品味成人社交圈的舞台。

歐洲通街上的景觀也與美國村不同，這裡沒有迎合青少年口味的商店；取而代之的，是充滿藝術風味的畫廊、價格昂貴的高級服飾店、浪漫的法式咖啡廳、精緻美味的義大利餐館等，呈現出成熟與穩重的特色。

難波（なんば・Namba）

如何前往：1. 地鐵梅田車站（或任一站）搭乘「地鐵御堂筋線」電車→難波車站（車資￥230，車程8分鐘）。
2. 大阪車站（或任一站）搭乘「JR大阪環狀線」電車→今宮，轉乘「JR大和路線」電車→JR難波車站（車資￥190，車程24分鐘）。
3. 大阪關西國際機場搭乘「南海空港線急行」電車→南海難波車站（車資￥890，車程48分鐘）。

美食料理：難波道頓堀、章魚丸子、法善寺橫丁、夫婦善哉。

逛街購物：千日前道具屋筋。

難波道頓堀

　　大阪素有「日本的廚房」之稱，而難波的「道頓堀」又是大阪最著名、最具代表性的美食料理街；因此，「道頓堀」又被讚譽為「美食者的天堂」。

難波道頓堀觀光

Data

難波道頓堀

◎ 交通：1. 地鐵難波車站 14 號出口出來往左邊巷道進去，第一條商店街左
　　　　　轉前進就到了，約 3 分鐘路程。
　　　　2. JR 難波車站出口向右走，至「御堂筋」後過馬路到斜對面，再
　　　　　往左走到「道頓堀橋」右轉巷道進去就到了，約 10 分鐘路程。
　　　　3. 南海難波車站正面口出來，過馬路往前方的「えびすばし」
　　　　　（戎橋筋商店街、EBISUBASI II）進入直走，約 10 分鐘路程。如
　　　　　果從「南海通」進去直走，約 10 分鐘會到逢黑門市場；若在「南
　　　　　海通」第一個路口右轉，則會走到「千日前道具屋筋」。

在這個集飲食文化之大成的美食街區裡，林立各式各樣的日本料理店、中華料理店、歐式餐飲店、美式速食店、酒吧、卡拉 OK 等，應有盡有；閃爍的霓虹燈及精巧的電動招牌深深地吸引遊客目光；所以，難波道頓堀也成為海內外饕客的最愛。

每天夜幕低垂時分，道頓堀川噴出的水柱，在五彩繽紛的燈光照耀下，顯得更為亮麗迷人，使這裡成為大阪地區最熱鬧的不夜城。

章魚丸子（たこ燒）

來到道頓堀，如果沒有嘗過這裡的章魚丸子，可以說是白來了；這可是當地大阪人相當自豪的說詞。

只有大阪人將章魚丸子視為一種料理，因此也就更潛心地研究它的做法與口味，企圖將章魚丸子發揚成大阪的代表性食品，由最初的海苔口味研發出奶油、咖哩、巧克力、培根、起士、鮮蝦、山葵、雞丁、地獄等數十種特殊口感；這也難怪全日本最好吃的章魚丸子就在大阪，尤其在難波的道頓堀。

根據當地人透露，好吃的章魚丸子店每天都是大排長龍，如果稍微晚來就買不到了。道頓堀地區比較有名的店鋪有三家，分別是以大章魚為招牌的「くくる」、位於太左衛門橋旁的「本家大たこ」，以及在美國村三角公園前的「甲賀流たこ燒」。

法善寺橫丁

在熱鬧紛擾的道頓堀，這裡可以說是一處頗能發思古幽情的好地方。一走進法善寺橫丁，就可以發現這條小巷的地面都是以石板鋪成，兩旁則是老式居酒屋與餐飲店，宛如昭和時期的市井街道，充滿懷舊風情。

一旁的法善寺依舊保持古老風貌，所供奉的「水かけ不動さん」（水掛不動神）香火鼎盛，庇佑著到此祭拜、祈求的商家信徒們。

原本這裡的地名叫做「橫町」，而之所以改變名稱，是因為在昭和 15 年（1940）時，作家長谷川幸延以這裡為背景，寫了一部名為《法善寺橫丁》的小說，才使得這個名稱取代原來的地名而成為新地名。

後來，作家織田作之助也在此取材，寫了一部名為《夫婦善哉》的小說，更使這裡聲名大噪、家喻戶曉，成為遊客尋幽探祕的好去處。

夫婦善哉（めおとぜんざい）

夫婦善哉是法善寺旁一家店的名稱，店裡所販賣的食物也叫做「夫婦善哉」，而這究竟是什麼東西呢？說穿了不稀奇，其實就是「紅豆湯圓」。

店家將一人份的兩顆白湯圓分裝在兩個碗中，每個碗

裡再加些紅豆湯，如此端給客人食用，因此這裡賣的湯圓又叫做「夫婦湯圓」。或許這只是店家一時頑皮想出來的點子，卻也引發日本作家織田作之助的靈感，寫出了《夫婦善哉》的小說；不僅打響了「夫婦善哉」湯圓的知名度，也使這家店成為法善寺橫丁裡的知名老店呢！

千日前道具屋筋

千日前道具屋筋是一條以販售料理模型為主的商店街，距離難波道頓堀不遠。在這條長約 200 公尺的商店街兩旁，集結了 45 家的料理模型專賣店，各式各樣栩栩如生的模型，令人看了讚嘆不已！

遊客一走進道具屋筋商店街，目光立刻被專賣店中的章魚燒、豬肉蓋飯、咖哩飯、拉麵、炸明蝦、壽司等模型深深地吸引住；即使肚子不餓，也會想大啖一口，足見其製作之精緻；所以，有些遊客會買些模型帶回去做紀念，不過價錢並不便宜。

明治 15 年（1882）時，道具屋筋原本只有幾家雜貨店及古道具店；隨著日本餐飲業的迅速發展，到了昭和 12 年（1937）時，這裡已是日本主要的料理模型製作生產中心。二次大戰結束後，日本的經濟快速復甦，餐飲業再度蓬勃發展，料理模型的需求量大增，道具屋筋也再度成為料理模型的生產重鎮。日本全國各地餐飲料理店所需求的模型，大多出自於這裡。

日本橋（にっぽんばし，Nippombashi）

如何前往：1. 從千日前商店街（千日前道具屋筋）步行
　　　　　　到日本橋（黑門市場），約5分鐘路程。

　　　　　2. 南海難波車站正面口出來，過馬路從「南
　　　　　　海通」進去直走到日本橋（黑門市場），
　　　　　　約10分鐘路程。

　　　　　3. 地鐵難波車站搭乘「地鐵千日前線」電車
　　　　　　→日本橋（一站，車資¥200，車程2分
　　　　　　鐘），從10號出口向前走就到了。

逛街購物：黑門市場。

黑門市場

　　黑門市場是大阪地區相當有名的傳統市場，與台灣的傳統市場頗為相似，讓人產生一股親切感。

　　市場內各式各樣的攤位販售各種新鮮、便宜的食材，不但家庭主婦及一般人會到這裡購買，連大阪地區一流的料理師傅也曾到此採購，以烹調出各種不同口味的美食料理。由於貨源新鮮、便宜、又充足，因此，黑門市場又有「大阪南區的廚房」（ミナミの台所）之稱。

　　這裡出售的各種魚類海鮮，品質有保證，是大阪地區許多料理名店製作生魚片、手握壽司、天婦羅、丼飯等的主要貨源；其中有一家百年老店「福屋魚店」所販售的上等鮪魚，更是製作さしみ（生魚片）的極品。

惠美須町
（えびすちょう，Ebisucho）

如何前往：1. 地鐵日本橋車站搭乘「地鐵堺筋線」電車
→惠美須町（一站，車資￥200，車程2
分鐘），從1號出口出來。

2. 地鐵梅田車站（或任一站）搭乘「地鐵御
堂筋線」電車→動物園前，轉乘「地鐵堺
筋線」電車→惠美須町（車資￥230，車
程13分鐘），從1號出口出來。

電器天堂：日本橋電器城。

日本橋電器城 (でんでんタウン)

大家都知道，東京地區有名的「電器街」在秋葉原；
而在大阪地區，可以媲美「秋葉原電器街」的就是「日本橋
電器城」了。

日本橋電器城是大阪相當知名的電器販售地區；不但
日本國人會到這裡購買物美價廉的家電用品，許多外國觀光
客也都會特別到這裡採購一番。

在這個著名的電器量販區裡，有三百多家商店，販售
的物品五花八門、琳瑯滿目，舉凡數位相機、新潮手錶、
電腦軟硬體、新款手機等，應有盡有，其中也有不少台灣
尚未上市的機種；因此，許多追求時髦
的年輕人都會到此大肆採購。

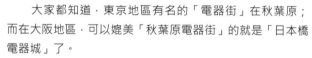

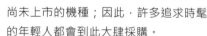

有些商家為了招攬外國觀光客，會
在招牌上加上「Duty Free」或「免稅」
的字樣，只要外國顧客出示護照，就不
必另加5%的消費稅。

這裡大部分的商店營業時間從上午
10:00到晚上7:00，一般都是周三公休，
當然也有例外。

新今宮（しんいまみや，Shin-Imamiya）

如何前往：1. 大阪車站（或任一站）搭乘「JR 大阪環狀線」電車→新今宮（車資￥170，車程 17 分鐘），從東口出來。
2. 地鐵梅田車站（或任一站）搭乘「地鐵御堂筋線」電車→動物園前，轉乘「地鐵堺筋線」電車→惠美須町（車資￥230，車程 13 分鐘），從 3 號出口出來。

休閒泡湯：SPAWORLD 世界大溫泉。

美食享受：大阪新世界。

景觀欣賞：通天閣。

新今宮車站東口

SPAWORLD 世界大溫泉
（スパワールド世界の大温泉）

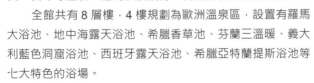

　　SPAWORLD 世界大溫泉是大阪地區最大的溫泉遊樂場，其水質通過大阪府衛生單位的檢驗，浸泡之後不但可以促進血液循環，而且具有治療神經痛、肌肉痛、關節炎、五十肩、運動麻痺、慢性消化不良、畏寒等症狀，達到恢復疲勞、促進身體健康的目的。

　　全館共有 8 層樓，4 樓規劃為歐洲溫泉區，設置有羅馬大浴池、地中海露天浴池、希臘香草池、芬蘭三溫暖、義大利藍色洞窟浴池、西班牙露天浴池、希臘亞特蘭提斯浴池等七大特色的浴場。

　　而 6 樓則規劃為亞洲溫泉區，如：伊斯蘭石頭浴池、波斯宮殿浴池、峇里島浴池、日式柏木浴池、日式山中溫泉、日式溪流溫泉、水療 SPA 等都頗具特色！由於在這兩大區泡湯必須全裸，因此採取輪流方式，每個月男湯、女湯會互相輪換，提供遊客兩種不同的享受！此外，8 樓並附設

有健身房，讓遊客泡湯之餘，也能健身，不過必須穿著運動服裝及運動鞋才能入場。

在 8 樓則規劃有水上大世界和露天溫泉。水上大世界中有刺激的倒溜滑水道、旋轉滑水道、隧道滑水道等，考驗大膽者的膽識；當然，也有安全性較高，且適合年紀較小的小朋友玩樂的水滑梯和水濂洞等。

頂樓的露天溫泉必須穿著泳衣，遊客放鬆地坐在按摩浴池中一邊泡湯，一邊欣賞通天閣夜景及繁星點點的夜空，感覺非常舒適！

此外，在 2 樓有遊樂場和紀念品販賣區，3 樓有各式料理餐飲區，4 ~ 7 樓也設有飯店住宿區，提供遊客住宿的服務，而住宿的客人則可以免費進出溫泉區。

Data

SPAWORLD 世界大溫泉
◎ 營業時間：10:00 ～隔天早上 8:45。
◎ 公休日：全年無休。
◎ 平日門票：「三小時券」全票 ¥2,400、半票 ¥1,300；
　　　　　　「一日券」全票 ¥2,700、半票 ¥1,500。
◎ 假日門票：「三小時券」全票 ¥2,700、半票 ¥1,500；
　　　　　　「一日券」全票 ¥3,000、半票 ¥1,700。
◎ 網址：www.spaworld.co.jp

大阪新世界

大阪新世界是指大阪浪速區惠美須東 1 ～ 3 丁目地區，這裡也是大阪南區著名的美食天堂，通天閣是這裡的象徵，大河豚燈籠則是最醒目的招牌。

關於新世界的開發，源於明治 36 年（1903）在天王寺地區舉辦的第五屆日本國內勸業博覽會。明治 45 年（1912）時，原博覽會場地的東半部規劃為天王寺公園，西半部地區則建造了通天閣（第一代），南側成為月亮公園（Luna Park）遊園地。許多戲棚和電影院也開始在這裡集結，於是慢慢地發展成為「新的世界」。大正 4 年（1915）時，天王寺動物園也開幕了。

如今，月亮公園遊園地和電影院都關閉了；不過，卻吸引許多遊客登上通天閣（第二代）欣賞新世界的夜景，位於通天閣地下一樓的劇場也有固定的日本演歌、相聲（漫才）和京都單口相聲（上方落語）等傳統文化節目的演出。

新世界最吸引遊客的則是這裡各式各樣道地的大阪美食，如：肉串燒烤、日式燒肉、大阪燒、章魚丸子、大阪壽司、大阪咖哩飯、烏龍麵等；尤其是聚集一整排燒肉店的「鏘鏘橫丁」（ジャンジャン橫丁），更是遊客享受日式燒肉的最佳場所。

通天閣

　　站在 SPAWORLD 世界大溫泉的入口階梯上，就可以看到矗立在大阪新世界的通天閣。通天閣不但是新世界地區的地標，也是大阪的象徵物之一。

　　現在我們所看到的通天閣是第二代，原本的通天閣建於明治 45 年（1912），是結合了法國艾菲爾鐵塔及凱旋門的綜合體，可惜在昭和 18 年（1943）時被戰火摧毀。為了因應當地居民的要求，日本政府終於在昭和 31 年（1956）重建完成這座高 103 公尺的第二代通天閣，使它再度恢復「大阪下町之名所」的美名。

　　遊客可以搭乘圓形的電梯，直升到塔頂的展望台；從展望台眺望大阪城、生駒山、瀨戶大橋等地，視野令人心曠神怡！此外，據說展望台中的幸福之神「ビリケンさん」相當靈驗，許多年輕女孩子都會到此祈求良緣，而且都是有求必應喔！未婚的讀者不妨去試試看！

Data

通天閣
◎ 開放時間：10:00 ～ 18:00，新年期間（1 月 1 日～ 1 月 10 日）10:00 ～ 19:30，暑假期間（7 月 21 日～ 8 月 31 日）10:00 ～ 20:30。
◎ 公休日：全年無休。
◎ 門票：全票￥600、大學生￥500、中學生￥400、兒童票￥300，4 歲以下免費。
◎ 交通：1. 新今宮車站東口步行，約 7 分鐘。
　　　　　2. 惠美須町車站 3 號出口步行，約 3 分鐘。

天王寺
（てんのうじ・Tennoji）

如何前往：1. 大阪車站（或任一站）搭乘「JR大阪環狀
　　　　　　線」電車→天王寺（車資¥190，車程21
　　　　　　分鐘）。
　　　　　2. 大阪關西國際機場搭乘「JR關空快速」
　　　　　　電車→天王寺（車資¥1,030，車程52
　　　　　　分鐘）。

旅遊景點：天王寺公園、天王寺動物園。

藝術欣賞：大阪市立美術館。

天王寺車站西口（公園口）

天王寺公園

　　天王寺公園就在車站出口左前方，園內的景觀優雅別
致，如：薔薇拱廊、噴水石柱、植物溫室、慶澤池、河底池、
水生花園、茶臼山古墳等，都能讓遊客放鬆心情，逍遙自在
地度過歡樂的時光，因此這裡也是情侶散步談心的好地方。
　　天王寺公園面積廣闊，園內栽植的花卉種類繁多，在
不同的花季裡，園方也會舉辦各項「花之祭典」活動；如：

3～4月份的「櫻花祭」、
5月份的「杜鵑大賞」、
10月份的「關西盆栽美術
展」，以及11月份的「菊
花大會」等，都值得參觀。

Data

天王寺公園
◎ 開放時間：9:30～17:00，夏季開園9:30～21:00。
◎ 休園日：周一及新年期間（12月29日～翌年1月1日）。
◎ 門票：全票￥150，國中以下、65歲以上及殘障人士免費；
　　　　「天王寺公園及動物園共通券」￥500。
◎ 交通：車站西口出來後，往「公園口」方向出去，過馬路
　　　　就到了。

　　每年的7月1日～8
月31日，園方為了提供遊客夏夜納涼的好去處，也讓遊客
能夠欣賞到公園的夜色美景，特別規劃了「夜間開園」活動；
園內的噴水池在各色燈光的照耀下，噴射出五彩繽紛、耀眼
奪目的大小水柱，煞是好看！

天王寺動物園

　　天王寺動物園緊鄰天王寺公園，兩園也有出入口可以互
通。園方為了優惠更多的遊客，只要遊客購買動物園門票，
就可以免費進入天王寺公園參觀，非常划算！

　　天王寺動物園裡約有320多種不同的動物，總計共有
1,500多頭。其中，最受小朋友們所喜愛的大象、長頸鹿、
無尾熊、小浣熊、斑馬等，都是超人氣動物明星。此外，在
「爬蟲類生態館」中，遊客可以親眼目睹60多種爬蟲類動
物，活生生地呈現在眼前。

　　每逢周末假日，動物
園裡充滿了小朋友們的歡笑
聲，使這裡成為親子同遊的
好去處。逛完動物園之後，
可以到附近的「動物園前商
店街」走走，這條街可是當
地有名的美食老街喔！

Data

天王寺動物園
◎ 開放時間：9:30～17:00，入園至16:00止。
◎ 休園日：周一及新年期間（12月29日～翌年1月1日）。
◎ 門票：全票￥500，國中以下、65歲以上及殘障人士免
　　　　費；憑動物園門票可免費進入天王寺公園。
◎ 交通：1. 天王寺動物園就在天王寺公園旁。
　　　　2. 地鐵梅田車站搭乘「地鐵御堂筋線」電車→
　　　　　 動物園前（車資￥230，車程12分鐘）。

大阪市立美術館

　　大阪市立美術館於昭和 11 年（1936）5 月開館，當初設立的目的，是為了讓市民多接觸美術作品，提供美術人才展現作品的平台，以期提升大阪整體的美術文化風氣。

　　美術館的位置之所以在天王寺公園中，是因為這裡原本是日本大財閥住友家族的宅邸，為了支持興建美術館，把住家和廣大的庭園「慶澤園」一起致贈給大阪市政府。所以，到這裡除了能欣賞藝術作品之外，也能逛逛日本大戶人家的傳統庭園。

　　美術館的主體為 2 層樓建築，平成 4 年（1992）時，館前增設 2 層樓的地下展覽室以提供美術團體展出作品的機會。館內平常展出的藝術品以日本和中國的繪畫、雕刻、陶磁器、工藝品等為主，約 8,000 件收藏品輪流展出，也有部分寺院寄贈的佛教藝術品，其中包含不少日本的國寶。此外，館方也會不定期舉辦各項特別展與企劃展。

　　地下展覽室則以提供公、私立美術團體舉辦作品展覽會為主，並附設有美術研究所，進行素描、繪畫、雕塑等實際技術的研究。

Data

大阪市立美術館
- ◎ 開館時間：9:30 ～ 17:00。
- ◎ 休館日：周一及新年期間（12 月 28 日～翌年 1 月 4 日）。
- ◎ 門票：全票￥300、學生票（高中、大學生）￥200，國中以下學生免費。
- ◎ 交通：從天王寺車站公園口步行，約 10 分鐘；就在天王寺公園和動物園之間。
- ◎ 網址：www.osaka-art-museum.jp

大阪城北詰（おおさかじょう きたづめ，Osakajokitazume）

如何前往：1. 大阪車站（或任一站）搭乘「JR 大阪環狀
　　　　　　　線」電車→京橋，轉乘「JR 東西線」電車
　　　　　　　→大阪城北詰（車資￥160，車程14分鐘）。
　　　　　2. 地鐵東梅田車站（或任一站）搭乘「地鐵
　　　　　　　谷町線」電車→谷町四丁目（車資￥230，
　　　　　　　車程7分鐘）。
　　　　　3. 地鐵梅田車站（或任一站）搭乘「地鐵御
　　　　　　　堂筋線」電車→本町，轉乘「地鐵中央線」
　　　　　　　電車→谷町四丁目（車資￥230，車程10
　　　　　　　分鐘）。

參觀景點：大阪城、豐國神社。

歷史研究：大阪歷史博物館。

大阪城

　　今天我們所看到的大阪城，雖然雄偉壯觀、光彩耀眼，
卻不是四百年前所興建的大阪城，而是在昭和6年（1931）
時，大阪市民募資以鋼筋混凝土所建，並於平成9年（1997）
時，日本政府大力整修後所完成。

大家都以為，大阪城是豐臣秀吉於 1583 年所建；事實上，早在 1496 年時，這裡就是淨土真宗「蓮如上人」的修行寺院「石山本願寺」。只是後來豐臣秀吉繼承織田信長霸業，再度攻占大阪，進駐本願寺，並大規模興建大阪城，才建造了這座舉世無雙的雄偉城堡。

1615 年時，大阪城在「大坂夏之陣」戰火中全燬。到了 1620 年，幕府將軍松平秀忠大力整建大阪城，歷時十年才竣工；但或許是天意，在 1665 年時，大阪城又因遭受雷擊而焚燬。

一直到了 1931 年時，大阪市民募資加以整建，並使用鋼筋混凝土建築了高約 55 公尺的天守閣。1948 年起，日本政府將大阪城公園規劃為史跡公園，開放天守閣，增設博物館、大會堂、室外音樂廳等，使這裡成為世界上最大的史跡公園之一。

1997 年 3 月，大阪城經過了粉刷外牆、修復裝飾物及鑲貼金箔後，重現白牆與金碧輝煌的英姿，不但雄偉壯觀，而且也成為大阪的精神象徵。

天守閣共有 8 層，各樓層展示出相關的歷史資料與文物，如：各個時期的大阪城模型、地圖及影片、豐臣秀吉的生涯、「大坂夏之陣」戰役等，史料相當豐富；其中的「大坂夏之陣圖屏風」、豐臣秀吉親筆寫的「辭世和歌詠草」、「秋草文蒔繪硯箱」等，都是具有歷史價值的文物。從內可以登上「天守閣展望台」，瞭望整個大阪市，視野極佳，頗有「登泰山而小天下」的感受。

位於天守閣護城河外西南邊的「西之丸庭園」及東邊的「梅林」，也是大阪地區有名的賞櫻、賞梅景點。整座大阪城公園占地寬廣，也是大阪市民親子同遊與休閒散步的好去處。

Data

大阪城
◎ 開放時間：9:00 ～ 17:00。暑假期間（7 月 20 日～ 8 月 31 日）9:00 ～ 20:00。
◎ 公休日：新年期間（12 月 28 日～翌年 1 月 1 日）。
◎ 門票：全票（高中生以上）￥600，國中以下學生免費。
◎ 交通：1. 從「大阪城北詰」1 號出口往大阪城方向走，約 3 分鐘到達大阪城的「青屋門」。
　　　　2. 從「谷町四丁目」9 號出口往大阪城方向走，約 3 分鐘到達大阪城的「大手門」。
◎ 網址：www.osakacastle.net

豐國神社

　　豐國神社位於大阪城天守閣南側的櫻門外，是奉祀日本戰國時期（1467 ～ 1573）名將豐臣秀吉的神社。豐臣秀吉於 1598 年逝世後，葬於京都東山地區的阿彌陀佛峰，但「大坂夏之陣」時，豐臣家族被德川家康所敗，墓地也遭到德川家康破壞。

Data

豐國神社
◎ 開放時間：9:00 ～ 16:30。
◎ 公休日：全年無休。
◎ 門票：境內免費，寶物館全票￥300、學生票（大學、高中生）￥200、半票￥100。

　　明治元年（1868）時，明治天皇到大阪地區巡幸，為了感念豐臣秀吉過去對皇室的功勳，遂於明治 6 年在豐臣秀吉的墓地建造社殿，並於明治 12 年在大阪建造豐國神社祭祀，昭和 36 年（1961）時遷移到大阪城公園內現址。

　　神社的唐門是伏見城移築而來，為安土桃山時期（1573 ～ 1603）的典型建築；寶物館收藏的「唐櫃」則是豐臣秀吉的遺物。神社前廣場上有一尊豐臣秀吉的銅像，立像高 3.2 公尺，座台 2 公尺，總計 5.2 公尺，是由日本雕塑家中村晉也所製作。

大阪歷史博物館

　　大阪歷史博物館於 2001 年開館，展出的內容以大阪的歷史文物和遺跡為主，以期大家對大阪有更深一層的認識。

　　遊客參觀時，要先搭乘電梯直達 10 樓，再依循參觀路線慢慢下樓。各層樓均有實物、圖解、影片等介紹大阪各時代的樣貌。遊客參觀完 7 樓的展出後，再搭乘電梯到 1 樓；如果要想看看位於地下的遺跡，必須先在 1 樓服務台報名，由導覽人員帶領參觀。

　　位於 10 樓展示的是奈良時代（710 ～ 794）的大阪，這裡有按照原比例復原的難波宮太極殿，由數十根直徑 70 公分的朱紅色圓柱並列支撐，加上排列整齊的百官人偶，非常壯觀！而 9 樓則展現中世紀時有「天下商業中心」之稱的大阪；除了有史上著名的大阪本願寺之外，還有淨瑠璃木偶「浪花屋」作為領航員，帶領遊客欣賞大阪水都的景色，並以二十分之一的比例模型呈現出大阪城熱鬧的景象與大阪人充滿活力的日常生活情景。

　　到了 8 樓則規劃為發掘歷史及體驗考古的區域。在這裡，遊客可以利用工具體驗考古的經驗，也可以透過觸摸遺跡實物學習考古發掘技術和觀察遺跡的方法。7 樓為近現代

大阪的展現，以大正末期到昭和初期的心齋橋、道頓堀等街景再現為主，呈現出當時大阪南區的摩登繁榮與居民生活。

　　地下 1 樓則展示距今一千三百五十年飛鳥時代的難波古城遺跡，經由考古學家的發掘與確認，當時的難波長柄豐碕宮就建在這裡，對日本古遺跡有興趣的讀者不妨參觀看看！

Data

大阪歷史博物館
◎ 開館時間：9:30 ～ 17:00，周五開館至 20:00。
◎ 公休日：周二、新年期間（12 月 28 日～翌年 1 月 4 日）。
◎ 門票：全票￥600、學生票（大學、高中生）￥400，國中以下免費。「大阪歷史博物館＋大阪城天守閣」套票￥900。
◎ 交通：1. 從大阪城的「大手門」步行，約 3 分鐘就到了。
　　　　2. 地鐵「谷町四丁目」9 號出口出來就到了。
◎ 網址：www.mus-his.city.osaka.jp

大阪天滿宮（おおさかてんまんぐう，Osakatemmangu）

如何前往：1. 大阪車站（或任一站）搭乘「JR 大阪環狀
線」電車→京橋，轉乘「JR 東西線」電車
→大阪天滿宮（車資￥170，車程15分鐘）。
2. 地鐵東梅田車站（或任一站）搭乘「地鐵
谷町線」電車→南森町（一站，車資
￥200，車程2分鐘）。

逛街購物：天神橋筋商店街。

參觀景點：大阪天滿宮。

傳統祭典：天神祭。

天神橋筋商店街

　　天神橋筋商店街位於大阪市北區天神橋
1 ～ 6 丁目，全長約 2.6 公里，是日本最長
的一條商店街；其中最熱鬧的區段在大阪天
滿宮至天神橋筋六丁目車站之間。

　　在這條熱鬧的街道兩旁，櫛比鱗次的各
式商店一家接著一家，有：飲食店、服飾店、
雜貨店、水果行、書店等，販售的物品五花
八門、琳瑯滿目，讓人看得目不暇給，也充
滿濃厚的庶民氣息。在 5 ～ 6 丁目一帶，即
地鐵天神橋筋六丁目車站附近，集結了各式
各樣便宜又好吃的餐飲店，每天都吸引大批
饕客去品嘗味美價廉的佳餚。此外，在 JR
天滿車站附近的「天滿市場」則是家庭主婦
們的購物天堂。

Data

天神橋筋商店街
◎ 交通：1. 從大阪天滿宮車站 3 號出口出來就到了。
　　　　2. 從地鐵南森町車站 4-B 出口出來就到了。

大阪天滿宮

　　大阪天滿宮奉祀的神祇是「菅原道真」，祂是日本的學問之神，又有「日本的孔子」之稱；因此，每當到了日本的聯考季節，就會有許多莘莘學子到這裡祭拜祈福，祈求「學問之神」能賜予智慧，保佑他們考上理想的學校。

　　每年 7 月 24 ～ 25 日在大阪天滿宮舉行的「天神祭」是日本的三大祭之一，其中的「船渡御」是世界上最大的水上祭活動；尤其「船渡御」活動舉行的時間在晚上，近百艘裝飾得美輪美奐的船隻航行在大川中，伴隨著五彩繽紛的高空煙火，使大阪市的仲夏之夜顯得更為光彩奪目、燦爛耀眼，充滿了興奮與感動！

Data

大阪天滿宮
◎ 開放時間：6:00 ～ 17:00。
◎ 交通：1. 從大阪天滿宮車站 3 號出口出來，往「大阪天滿宮」的方向走，
　　　　　　約 3 分鐘就到了。
　　　　 2. 從地鐵南森町車站 4-B 出口出來，往「大阪天滿宮」的方向走，
　　　　　　約 3 分鐘就到了。

Info　　大阪夏之祭　天神祭

　　在大阪天滿宮舉行的「天神祭」起源於平安時代（951），
距今已有一千多年的歷史。這項歷史悠久的祭典，最初是祈
求神靈消除瘟疫、疾病的重要神事；隨著時代的變遷，發展
出豪壯華麗的遊行活動，使祭典的聲勢更為浩大。由於主要
祭祀的是日本的學問之神「菅原道真」，因此，祭典的涵義
大致與台灣的「祭孔大典」類似，不過規模卻又大得多了。

　　每年 7 月 24 ～ 25 日連續舉行兩天的「天神祭」，儀式
相當盛大隆重；不但參與者慎重其事，連參觀的遊客都受到
無形的感染，深深地融入祭典之中。

　　第一天舉行的「宵宮祭」，從早上 7:45 開始，到晚上 7:00
結束。進行的內容有：鉾流神事、自動車渡御、催太鼓、獅
子舞等，同時也利用這個機會舉辦參加國際龍舟賽的日本代
表隊選手的選拔賽。

　　第二天舉行的「夏大祭」、「陸渡御」、「船渡御」及
「還御祭」等，從下午 2:00 開始，到晚上 10:00 才結束，
祭典活動的場所從陸上一直進行到水上，再回到大阪天滿宮
為止，儀式相當繁複與熱鬧。進行的內容有：神靈移御祭、
地車曳行、渡御列發進、渡御列乘船及水上祭等。

　　此外，在每年大阪天滿宮境內都可以看到「地車囃子」
（日本能樂）的演奏和華麗的「人形淨瑠璃」（陶磁人偶）展示。

四天王寺前夕陽ヶ丘（してんのうじまえゆうひがおか，Shitennoji-mae Yuhigaoka）

如何前往：1. 地鐵東梅田車站（或任一站）搭乘「地鐵谷町線」電車→四天王寺前夕陽ヶ丘（車資￥230，車程12分鐘）。

2. 地鐵梅田車站（或任一站）搭乘「地鐵御堂筋線」電車→天王寺，轉乘「地鐵谷町線」電車→四天王寺前夕陽ヶ丘（車資￥230，車程16分鐘）。

3. 大阪車站（或任一站）搭乘「JR大阪環狀線」電車→天王寺（車資￥190，車程21分鐘），轉乘「地鐵谷町線」電車→四天王寺前夕陽ヶ丘（車資￥200，車程2分鐘）。

古剎名寺：四天王寺。

傳統祭典：どやどや祭。

四天王寺

　　四天王寺建於飛鳥時代（593），聖德太子所建，是日本最古老的官寺。境內大部分的文物都有一千四百年以上的歷史，是日本國寶級的古蹟。

　　四天王寺的建築格局非常特殊，從中門（仁王門）進入後，五重塔、金堂、講堂等採南北一直線排列方式，在日本的古寺建築中並未見過這種排列方式；因此，日本學者將這種建築格局稱為「四天王寺樣式」的建築。

　　位於西門的石造「鳥居」（日本神社的入口）也是日本重要的國寶，鳥居中央懸掛著鑄有「釋迦如來轉法輪所當極樂土東門中央」字樣的匾額。這座大鳥居原為木造，鎌倉時期（1294）忍性上人奉命將它改建為石造，距今已有七百年的歷史，是日本重要的文化財產。

　　每年1月14日舉行的「どやどや祭」是相當著名的冬

季祭典活動，吸引許多遊客到此觀賞或參與！而在 4 月 22 日舉行的「聖靈會舞樂大法要」則是從百濟（今韓國）傳入的祭祀舞蹈，至今已有一千四百年歷史，祭祀的舞者戴著面具，在六時禮讚堂前的舞台上，隨著笛子及打擊樂器起舞，充滿濃厚的古典風味。

Data

四天王寺
◎ 開放時間：8:30 ～ 16:30，10 ～ 3 月 8:30 ～ 16:00。
◎ 門票：免費。
◎ 交通：1. 從車站 4 號出口出來，再走 5 分鐘。
　　　　2. 天王寺車站「公園口」向前直走，約 20 分鐘路程。

Info

大阪冬之祭　どやどや祭

　　每年 1 月 14 日下午 1:00 ～ 4:30 在四天王寺舉行的「どやどや祭」，是相當重要的祭典活動之一，這項活動的意義與台灣的「成年禮」相似，主要是為青少年祈福。

　　參加「どやどや祭」的對象以高中以下的青少年為主。祭典活動進行時，參加的青少年們頭上綁著頭巾，打赤膊，下半身綁著「褌」（ふんどし，丁字帶），大聲地吆喝著；有些個性比較內向的青少年，如此地袒露在眾人面前，顯得相當靦腆、害羞，非常可愛！

　　雖然祭典活動舉行的時間正值寒冬季節，可是參加的青少年們個個精神抖擻，顯現出不畏風寒的活力與朝氣。活動進行到最後，所有參加的青少年奔跑到「六時禮讚堂」前，爭奪能夠消災除厄的護身符；此時，個個情緒高昂、熱血沸騰，也使整個祭典活動達到最高潮！

　　搶到護身符的幸運兒，儼如身成英雄般看待，並紛紛高舉著護身符，大聲歡呼！

7

神戶地區

travel in kobe

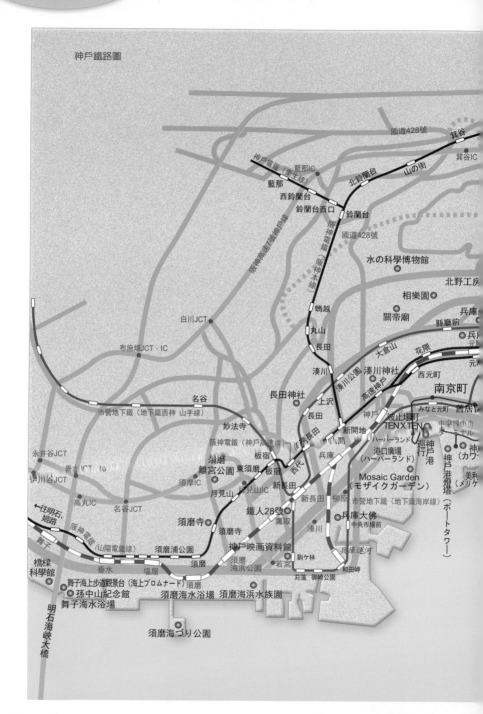

神戶鐵路圖

神戸電鐵

二郎

田尾寺

岡場　西宮山口JCT

有馬線（川田線）

五社

花山

谷上　　　　　　　　大池

神鐵六甲　神戶電鐵（有馬線）

唐櫃台　有馬口　　有馬溫泉

有馬街道

箕谷

谷上

箕谷IC

からと西

金湯　　銀湯

太閤之湯殿館

森林植物園

摩耶山

六甲山牧場

神戶布引香草園
（神戶布引ハーブ園）

神戶布引空中纜車（空中纜車ロープウェー）

布引瀑布（布引の滝）

風見雞之館

JR新神戶

王子動物園

萌黃之館　　萊茵河之館

新神戶

北野異人館街

神戶文學館

王子公園

六甲　　　御影　　岡本

北野工房のまち

六甲道　　　住吉　　甲南山手

NHK神戶放送局

生田神社

攝津本山

往大阪→

阪急電鐵

國道2號

兵庫縣廳

三宮

灘　　西灘

六甲道　　　住吉

藤前

JR東海道本線（神戶線）

岩屋

石屋川　住吉

兵庫縣公館

元町

三宮

大石　新在家　御影　魚崎　青木　深江

元町　舊居留地・大丸前　三宮・花時計前

三宮

春日野道

摩耶

阪神高速3號神戶線

魚崎

國道43號

京町

舊居留地

花時計

神戶市役所

神戶國際會館

貿易センター　生田川

丁　舊居留地十五番館

神戶市立博物館

兵庫縣立美術館

京橋

京

ポートライナー（神戶新交通港灣人工島線）

突堤中央ターミナル

神戶海洋博物館
（カワサキ ワールド）

串宮蒼登塔（ポートタワー）

美利堅公園
（メリケンパーク）

第一突堤

第二突堤

第三突堤　第四突堤

ポートターミナル

中公園

みなとじま

北埠頭

市民廣場

UCC
コーヒ博物館

中埠頭

南公園

青少年科學館

医療センター

京コンピュータ前

神戶花鳥園

神戶スカイブリッジ

神戶空港　　神戶空港

	JR
私　鐵	
地　鐵	
City Loop 循環巴士	

F.R.AA.

到大阪旅遊時，若時間充裕，不妨也到近郊的神戶地區走走。神戶地區著名的景點相當多，如：三ノ宮車站附近的三宮中心商店街是當地有名的購物商街，北野異人館街則充滿了異國風味，布引香草園、有馬溫泉、神戶港燈塔，以及元町車站附近的美食料理街「南京町」更是遊客必訪之地。

此外，原為孫文先生暫居住所改建而成的孫中山紀念館、能俯瞰瀨戶內海景致的舞子海上步道觀景台等，都值得去參觀！著名的歷史名城「姬路城」，由於不曾遭受戰爭破壞，完全保存興建之初的樣貌，不但是日本最具代表性的城廓建築，更是世界級古蹟，值得一覽！

灘（なだ，Nada）

如何前往：1. 大阪車站搭乘「JR神戶線新快速」電車→三ノ宮，轉乘回程的「JR普通」電車→灘（車資¥390，車程22分鐘）。

2. 阪神梅田車站搭乘「阪神線特急」電車→御影，轉乘「阪神線普通」電車→岩屋（車資¥290，車程33分鐘，提醒：若有購買神戶街遊券「阪神擴大版」者，建議搭乘此路線，不必再購買車票）。

3. 阪急梅田車站搭乘「阪急神戶線特急」電車→西宮北口，轉乘「阪急神戶線普通」電車→王子公園（車資¥310，車程30分鐘，提醒：若有購買神戶街遊券「阪急擴大版」者，建議搭乘此路線，不必再購買車票）。

旅遊景點：神戶市立王子動物園。

神戶市立王子動物園

　　王子動物園是神戶地區最受歡迎的動物園，由於它具備了觀賞動物、接觸動物、研究動物與遊樂園之功能，距離大阪市也不遠，所以深受遊客們的喜愛！

　　園裡飼養的動物有 136 種，無尾熊、印度象、獅子、河馬、北極熊、企鵝、鴛鴦、鱷魚等應有盡有，總數 781 隻；其中的貓熊更是超人氣的動物明星。在「動物與兒童王國」（動物とこどもの国）中，小朋友們用手觸摸無尾熊、小浣熊、山羊、兔子等可愛動物時，都興奮得大叫。

　　園區裡的「動物科學資料館」除了展示世界上各種動物的分布圖、動物標本、模型、圖書、影片之外，也不定期舉辦動物座談會與演講，讓遊客能對各種動物有更深入的認識與瞭解。此外，這裡也設置遊樂園區，各種遊樂設施讓小朋友們玩個夠，不過需要另外收費。

Data

神戶市立王子動物園

◎ 開園時間：3 ～ 10 月 9:00 ～ 17:00，11 ～ 2 月 9:00 ～ 16:30。

◎ 休園日：周三、新年期間（12 月 29 日～翌年 1 月 1 日）。

◎ 門票：全票（高中以上）￥600，國中以下學生免費。

◎ 交通：1. JR 灘車站 2 號出口往動物園方向走，約 5 分鐘路程。
　　　　2. 阪神岩屋車站 1 號出口走到 JR 灘車站後，再往動物園走，約 10 分鐘路程。
　　　　3. 阪急王子公園車站西口步行，約 3 分鐘路程。

◎ 網址：ojizoo.jp

三ノ宮（さんのみや，Sannomiya）

如何前往：1. 大阪車站搭乘「JR 神戶線新快速」電車→
三ノ宮（車資¥390，車程 22 分鐘）。

2. 阪神梅田車站搭乘「阪神線直通特急」電
車→三宮（車資¥310，車程 30 分鐘，提
醒：若有購買神戶街遊券「阪神擴大版」
者，建議搭乘此路線，不必再購買車票）。

3. 阪急梅田車站搭乘「阪急神戶線特急」電
車→三宮（車資¥310，車程 27 分鐘，提
醒：若有購買神戶街遊券「阪急擴大版」
者，建議搭乘此路線，不必再購買車票）。

旅遊景點：生田神社。

逛街購物：三宮中心商店街。

祭典活動：神戶祭。

文化探究：神戶市立博物館。

三ノ宮車站中央口

生田神社

　　生田神社距離三ノ宮車站不遠，自古以來就是三ノ宮
地區居民的信仰中心。這座朱紅色的建築，在楠木林的襯托
之下，顯得更為豔麗耀眼。

　　神社裡販售一種叫做「緣結守」的靈符，據說可以促
進男女情緣，讓持符的人早日覓得良緣；因此，不時可以看

到日本年輕情侶到這裡購買「緣結守」，期望有情人早日成眷屬。

　　每年 7 月 15 日在生田神社舉行的「夏越しの祓」祭典相當熱鬧。祭典活動中的「大祓式」進行時，參加的信徒紛紛用手觸摸幸運人偶，以祈消災除厄，帶來好運；接著進行「千燈祭」，信徒則將自己的生辰年齡寫在長壽燈中，祈求神明保佑長命百歲。

Data

生田神社
◎ 交通：從車站中央口出來，過馬路到左側對面的小公園，順著商街往前走，到十字路口往右過馬路就到了，約 8 分鐘路程。

三ノ宮車站西口

三宮中心商店街（三宮センター―街）

　　三宮中心商店街位於三ノ宮車站前的「花之街大道」（フラワーロード）與元町車站前的「美利堅大道」（メリケンロード，又名鯉川筋）之間，是三ノ宮車站附近最熱鬧的商店街，總長約 550 公尺。

　　這條超人氣的商店街裡，林立各式各樣的時髦服飾店、生活雜貨店、古書店、CD 販賣店、餐飲店等，一家接著一家，共有兩百多家。平時，這裡就已經是人聲鼎沸；每逢假日，大量的人潮更將這條商店街擠得水洩不通，顯得相當熱鬧、繁榮。

　　走到商店街底，就是「美利堅大道」（メリケンロード）。右邊方向就是元町車站；如果往左走，可以走到神戶

中華街的入口「長安門」（馬路對面），再繼續直走，就是
神戶港濱的美利堅公園、神戶海洋博物館和神戶港燈塔。

Data

三宮中心商店街
◎ 交通：從車站西口向前直走，很快就可以看到右手邊的三宮中心商店街。

神戶夏之祭　神戶祭

每年 7 月 17 ~ 20 日四天，在神戶市三／宮舉行的神戶
祭，與京都祇園祭、大阪天神祭並稱為「京、阪、神三大夏
之祭」。神戶祭與其他兩個夏之祭最大的不同在於：祇園祭
和天神祭都是日本傳統風味的祭典活動，而神戶祭則是洋溢
著濃厚國際色彩的慶祝活動。

神戶祭發源於「舊居留地」地區，至今已有一百多年歷史。
祭典的目的，原本是為了慶祝舊居留地重新歸還日本；如今，
祭典涵義也擴充為祈願神戶港的繁榮與海上航行的安全。

從 17 日上午的紀念儀式開始之後，整個神戶市就充滿了
熱鬧的慶祝氣氛，一連四天的活動，天天都充滿歡樂與驚奇；
活動的內容如：美利堅公園海濱的「花火大會」（施放煙火）、
在港口廣場（ハーバーランドプラザ）國際會館舉行的「太
鼓陣」、神戶市內各地區性的慶祝活動，以及美利堅公園內
的「前夜祭音樂會」等，都相當吸引人。

祭典活動最重要的重頭戲，就是 7 月 20 日下午舉行的「嘉
年華大遊行」，遊行的路線從花之街大道（フラワーロード）
起，一直到元町商店街為主。參加的隊伍莫不卯足全力地展
現出自己的實力與魅力；有些穿著性感華麗的舞衣，大跳熱
情的森巴舞；也有些穿著傳統的和服，手舞足蹈地展現東瀛
風味的阿波舞……讓人看得目不暇給，精采萬分！

神戶市立博物館

神戶市立博物館建於昭和 10 年（1935），其前身為橫浜正金銀行的神戶分行，圓柱的外型呈現出新古典建築風格，由昭和初期的名建築師櫻井小太郎設計，現在已是日本的古蹟建築物。

館中的收藏品有日本的國寶「櫻之丘銅鐸」與「銅矛」、南蠻紅毛美術及神戶相關的美術資料、古地圖與地理書等，總數約 38,000 件之多，是研究神戶歷史與文化發展相當重要的資料。

館方秉持「國際文化交流——東西文化的接觸與演變」為宗旨，將展示區規劃為六大主題，即：與東亞文化的交流、地方文化的發展、江戶時代的兵庫津、鎖國下的日本與外國、神戶開港、文明開化與近代化；從神戶上古時代銅鐸與銅矛的發現開始，經過與中國、朝鮮的文化交流，再歷經鎖國政策與神戶開港的鉅變，最後進入文明開化的近代化時代，一步步呈現神戶地區的開發與演變，讓遊客留下深刻的印象，也對神戶的歷史發展有了更深一層認識。

Data

神戶市立博物館
◎ 開館時間：10:00 ～ 17:00。
◎ 休館日：周一、新年期間、資料更換期間。
◎ 門票：全票￥200、學生票（高中以上）￥150、半票（國中、小）￥100。
◎ 交通：三ノ宮車站站西口向正前方直走，走到花鐘前右轉，再走到京町筋左轉，路程約 10 分鐘。
◎ 網址：www.city.kobe.lg.jp/museum

新神戶
（しんこうべ，Shinkobe）

如何前往：大阪車站搭乘「JR 神戶線新快速」電車→三
　　　　　ノ宮（車資￥390，車程 22 分鐘）。從中央
　　　　　口出來，進入前方地下道，走到神戶地鐵三
　　　　　宮站搭乘「神戶地鐵山手線」電車→新神戶
　　　　　（車資￥200，車程 2 分鐘，提醒：若有購買
　　　　　神戶街遊券或其擴大版，則搭乘「神戶地鐵
　　　　　山手線」電車不必再購票）。

文化體驗：北野異人館街、萊茵河之館、萌黃之館、風
　　　　　見雞之館。

旅遊景點：神戶布引香草園、布引瀑布。

北野異人館街

　　神戶港於 19 世紀中葉開港通商後，北野地區就成為洋
人聚居的地方，各國領事、商業鉅子紛紛到此大興土木，一
棟棟具有歐洲風味的豪華建築如雨後春筍般在這裡出現，使
這裡成為當時最時髦與進步的表徵；而這些異於日本傳統風
味建築的豪門宅第就被統稱為「異人館」（外國人的房屋）。

　　這裡的西洋式建築物，曾經多達一千多棟；不過，隨

Data

北野異人館街
◎ 交通：從新神戶車站南口出來，往「異人館街」方向走就到了。也可以在三ノ宮車站前搭乘6、7號公車→山本通三，車程10分鐘。

著時光的流逝，經歷了一百多年來的物換星移之後，現在僅存北野町地區的二十幾棟。比較著名的有「萊茵河之館」（ラインの館）、「萌黃之館」、「風見雞之館」、「洋館長屋」（仏蘭西館）、「舊巴拿馬領事館」（旧パナマ領事館）及「荷蘭館」（本家オランダ館）等。漫步在北野異人館街，彷彿置身於歐洲的市井街道中，是一項不錯的體驗。

萊茵河之館（ラインの館）

萊茵河之館是大正4年（1915）時，多雷衛魯（J.R.ドレウェル）夫人所建。米黃色的外壁，鑲上葡萄紫的橫條，在背後的一大片綠樹襯托之下，顯現出高貴氣質的色調，現在已是神戶市政府指定的傳統建築物代表。

這是一棟兩層樓的木造建築物，開放式的陽台及向外突出的圍牆齒，成為明治時期最典型的異人館建築。這座異人館的館名，是經由神戶市政府舉辦的命名比賽中獲選的名稱來定名，更能顯示出它在神戶市民心目中的地位。

一樓的庭院裡，種滿各式植物，使人看了心情愉快。館方也特別規劃了下午茶區，讓遊客的心靈能獲得更輕鬆愉快的抒解。

Data

萊茵河之館
◎ 開館時間：4～11月為9:00～18:00，
　　　　　　12～3月為9:30～17:00。
◎ 休館日：每月第四個周四。
◎ 門票：免費。

萌黃之館（萌黃の館）

萌黃之館原本是美國總領事亨特夏普（H.シャープ），於明治36年（1903）時所建的官邸；到了昭和19年（1944）時，這裡又成為神戶電鐵的社長小林秀雄的住宅。現在，它

更是日本的重要文化財。

Data
萌黃之館
◎ 開館時間：4～11月為9:00～18:00，12～3月為9:30～17:00。
◎ 休館日：每月第二個周三。
◎ 門票：全票￥300，高中以下學生免費。

萌黃之館初建之時，又有「白色異人館」之稱；不過，在昭和62年（1987）時的整建過程中，卻將外壁塗成淡綠色，並於平成元年（1989）對外開放參觀，使這棟原本雪白的建築物散發出淡綠色系的溫馨感受，再加上屋頂上那座紅磚堆砌而成的煙囪，更顯得雅致。站在二樓的陽台上，可以眺望南面的海灣，視野極佳！

風見雞之館（風見雞の館）

風見雞之館的名稱由來，是因為這棟建築物的塔尖上有一個公雞造型的風向器，因此才被命名為風見雞之館。這棟建築物是此區唯一全部以紅磚建造而成，又是建築在高台之上，能很清楚地俯視神戶市街；再加上「風見雞」的標誌，使它成為北野地區的象徵。

風見雞之館建於明治42年（1909），原本是德國商人多瑪士（G.トーマス）的住宅，室內的裝潢以優雅的曲線著稱，家具方面則顯現出德意志傳統風味。這棟建築物現在也是日本的重要文化財產。

Data
風見雞之館
◎ 開館時間：4～11月9:00～18:00，12～3月9:30～17:00。
◎ 休館日：每月第四個周二。
◎ 門票：全票￥300，高中以下學生免費。

神戶布引香草園（神戶布引ハーブ園・Kobe Nunobiki Herb Gardens）

　　神戶布引香草園位於新神戶車站近郊的摩耶山麓，是神戶地區相當知名的休閒公園，園區裡栽植 150 多種香料、食用及藥用植物，如：迷迭香（ローズマリー）、春黃菊（カモミール）、薰衣草（ラベンダー）等，共約 75,000 多株。

　　這座面積廣大的香草園分為展望廣場、香草庭園（香りの庭園）及玻璃工房（グラスハウス）三大園區，遊客可以搭乘新神戶空中纜車「神戶夢風船」到達展望廣場。

　　1. 展望廣場區：廣場上的建築物是模仿中世紀歐洲的古城堡而建，站在這裡眺望神戶市區、大阪灣及六甲山的美景，別有一番風味。其中的「森之會館」（森のホール）是一棟充滿羅曼蒂克氣氛的建築，一樓是香草資料館，二樓則是音樂廳；讓遊客在認識香料及藥用植物之餘，也能享受自然的樂章，充實心靈生活。而在「見本園」中，遊客可以觀察瞭解香草植物的分區栽植情形，也可以藉由標示牌的說明認識更多種類的香料植物。

　　2. 香草庭園區：依循健行步道，沿途經過用來作為上等香料原料的「薰衣草園」（ラベンダー園）、一年四季滿園花香的「藍色花園」（ブルーガーデン），以及充滿蘋果芳香的「香草草坪」（香りの芝生）；置身其中，讓你享受清新芬芳的香草浴，精神為之一振。

Data

神戶布引香草園／ロープウェー（空中纜車）
◎ 空中纜車票價：往復（來回票）全票￥1,400、半票（國中、小）￥700；
　　　　　　　　片道（單程票）全票￥900、半票￥450。
◎ 布引香草園交通：新神戶車站附近搭乘「ロープウェー」空中纜車→布
　　　　　　　　　　引ハーブ園，行程 10 分鐘。
◎ 網址：www.kobeherb.com

3. 玻璃工房區：位於香草庭園區一旁，以四座玻璃溫室而著名，分別設置了香料工房（スパイス工房）、香草溫室（香りの溫室）、香草之家（ハーブの家）及玻璃工房（グラスハウス），將香草與玻璃工藝結合，創作出特殊風味的藝術品；遊客也可以親身體驗玻璃工藝創作的樂趣。

神戶布引香草園開園資訊

開園季節	春（3月20日～7月19日）秋（9月1日～11月30日）		夏（7月20日～8月31日）	冬（12月1日～翌年3月19日）
開園時間	周一至周五 10:00～17:00	周末及國定假日 10:00～20:30	周一至周日 10:00～20:30	周一至周日 10:00～17:00
休園日	全年無休，冬季約兩周時間整理園區（網頁公告）休園。			
門票	包含在「ロープウェー」空中纜車內。			

布引瀑布（布引の滝）

布引瀑布位於布引香草園到新神戶車站間的路上；因此，遊客在觀覽布引香草園後，也可以順著下山路線健行到布引瀑布。

在日本古老的神話傳說中，乙姬神的龍宮城就在布引瀑布之中；所以，自古以來，這裡就是一塊神聖之地，也因此使布引瀑布成為日本著名的三大神瀑之一。許多遊客都會特地到這裡來，想着看是否能遇到神跡。昭和60年（1985）時，布引瀑布更被日本政府定為「全國名水百選」之一。

布引瀑布共有四條瀑水，其中最長的「雄滝」（雄瀑）高約43公尺，每年3月20日～11月30日期間為放水期，強大的水柱由上傾洩而下，十分壯觀。在放水期，每天傍晚太陽下山後，到晚上9:00以前的這段時間內，強勢的瀑水在燈光照耀下，聲勢顯得更為壯大，也更為迷人！

Data

布引瀑布

◎ 交通：從布引香草園順著下山路線走到布引瀑布，約30分鐘；再從布引瀑布走到新神戶車站，約10分鐘。

有馬溫泉（ありまおんせん，Arima Onsen）

如何前往：1. 大阪車站搭乘「JR 神戶線新快速」電車→三ノ宮（車資￥390，車程 22 分鐘）。從中央口出來，進入前方地下道，走到神戶地鐵三宮站搭乘「神戶地鐵山手線」電車→谷上，轉乘「神戶電鐵有馬線」電車→有馬口（換車）→有馬溫泉（車資￥900，車程 30 分鐘）。

2. 神戶地鐵新神戶車站搭乘「神戶地鐵山手線」電車→谷上，轉乘「神戶電鐵有馬線」電車→有馬口（換車）→有馬溫泉（車資￥720，車程 28 分鐘）。

溫泉散步：有馬溫泉。

泡湯之樂：金湯、銀湯。

溫泉文化：太閤之湯殿館。

有馬溫泉

　　有馬溫泉位於神戶近郊的六甲山區，不但是日本最古老的溫泉，也是日本相當知名的溫泉度假區。根據《日本書紀》的記載，有馬溫泉是日本三大古湯之一，也是豐臣秀吉最鍾愛的「名湯」。

　　從有馬溫泉車站出口往右走，先到觀光服務中心（觀光總合案內所）拿取免費的旅遊資料，再按圖索驥，就可以悠閒自在地散步溫泉街了。

　　有馬溫泉的水質分為兩種，一種是含有鐵鹽的紅色「金湯」，據說有治療腸胃病、婦人病、神經痛和肌肉痛的功效；另一種則是含有碳酸的無色「銀湯」，據稱

可以治療慢性消化器官方面的疾病。

　　許多內行的湯客，會到這裡交互浸泡金湯、銀湯，再飲用含有碳酸的銀湯，則可以百病不侵、延年益壽喔！有興趣的朋友，不妨試試看。

金湯（金の湯）

　　金湯就在有馬溫泉街「湯本坂」入口附近，為神戶市營的公共溫泉，於 2002 年整建後，呈現出今天嶄新的樣貌，也成為有馬溫泉地區的名湯。

　　金湯共有兩層樓，一樓是入口櫃台和休息區，二樓為溫泉區，有兩個泉池。金湯的水質富含鐵、鈉成分，水色呈現茶褐色，而且有強烈的鹹味。可惜的是，金湯的湧泉量並不大，每分鐘只有 51 公升，使這裡的泉水更顯得珍

Data

金湯
◎ 營業時間：8:00 ～ 22:00。
◎ 公休日：每月第二、四個周二及元旦（1 月 1 日）。
◎ 門票：全票￥650、半票￥340、幼兒￥140，二歲以下免費。

貴！據說，金湯的水質對關節痛、末梢血液循環障礙、皮膚病、溼疹、慢性婦人病、乾癬等疾病都具有療效，吸引許多遊客到此一泡。

金湯旁的免費「足湯」又稱為「太閤湯」，水源是引自富含氯化鈉的鹽泉，溫度為 42.3℃，相當適合泡腳，而且有助於血液循環。

太閤之湯殿館（太閤の湯殿館）

太閤之湯殿館的發現頗具戲劇性。1995 年時日本發生阪神大地震，位於有馬溫泉的極樂寺也受到波及，卻因此發現位於廚房底下的安土桃山時代（1582 ～ 1603）遺跡。根據研究結果，確認這裡就是豐臣秀吉所建「湯山御殿」的部分遺址。

1999 年 4 月 1 日，重建完成的「太閤之湯殿館」對外開放，公開展示出土的遺跡、古物，如：「蒸氣浴」與「岩石浴」的遺址、當時所使用的

Data

太閤之湯殿館
◎ 營業時間：9:00 ～ 17:00。
◎ 公休日：每月第二個周三。
◎ 門票：全票￥200、半票￥100。

陶磁器、復原後的龍形雕飾屋瓦，以及豐臣秀吉與有馬溫泉相關的歷史資料等。此外，安土桃山時代盛行的「扇繪」與「裝飾格窗」等複製品，也都值得參觀！

銀湯（銀の湯）

銀湯也是神戶市營的公共溫泉，於 2001 年整建完成，其泉質與金湯不同，成為這裡另一個名湯。從金湯走到銀湯，大約 5 分鐘路程。

銀湯的水質為碳酸泉與放射能泉，透明無色，無臭無味，由於湧泉量每分鐘只有 20 公升，比金湯更少，也更顯得珍貴！銀湯裡除了溫泉池之外，也附設小型蒸氣室，讓遊客享受溫泉三溫暖的舒適感！

由於銀湯的水質富含碳酸，據說對高血壓、動脈循環障礙、心血管疾病、手足局部循環障礙等具有療效，飲用後則可以刺激胃液分泌、增進食慾；又因含有放射性元素氡，能治療關節退化症、慢性痛風、更年期障礙、哮喘等疾病，相當神奇！

Data

銀湯
◎ 營業時間：9:00 ～ 21:00。
◎ 公休日：每月第一、三個周二及元旦（1月1日）。
◎ 門票：全票￥550、半票￥290、幼兒￥120，三歲以下免費。

南公園（みなみこうえん，Minami Koen）

如何前往：大阪車站搭乘「JR神戶線新快速」電車→三ノ宮（車資￥390，車程22分鐘），轉乘往「北埠頭」的「ポートライナー」（新交通港灣人工島線）電車→南公園（車資￥240，車程12分鐘，提醒：若有購買神戶街遊券或其擴大版，則搭乘「ポートライナー」電車不必再購票）。

咖啡探索：UCC咖啡博物館。

科學探究：神戶市立青少年科學館。

UCC咖啡博物館（UCC コーヒー博物館）

　　UCC咖啡博物館於1987年10月1日開幕，是日本唯一以咖啡為主題的博物館。這間博物館的外觀是仿造伊斯蘭教的清真寺所設計，由於在伊斯蘭教的清真寺中，咖啡被視

為相當貴重的飲料，而且咖啡也是經由伊斯蘭教而傳播到全世界，成為人類普遍飲用的飲料，因此才會將博物館的外觀設計成清真寺風格。

Data

UCC 咖啡博物館
◎ 營業時間：10:00 ～ 17:00。
◎ 公休日：周一、國定假日隔天、新年期間。
◎ 門票：全票￥210、學生票（國中、小）￥100。
◎ 網址：www.ucc.co.jp/museum

　　進入博物館後，必須先搭乘手扶梯到三樓，再依循參觀路線一邊參觀，一邊順勢而下，最後則到一樓的購物區與咖啡廳，享受購物與品嘗現煮咖啡的快感！

　　館內展出的內容不但豐富，而且頗具知識性，如：人類在一千多年前便開始飲用咖啡；咖啡生長的環境在南緯 25 度至北緯 25 度之間，所謂「咖啡帶」的 70 個國家；UCC 咖啡公司的創業發展過程及其產品、咖啡品質的鑑定、咖啡豆的烘培製作過程、世界各國珍貴的咖啡杯、以咖啡為主題發行的郵票和紙幣、咖啡的其他用途等。此外，館內還有影片播映、電腦網路查詢等設備，遊客可以隨時查詢咖啡的相關知識。

神戶市立青少年科學館

　　神戶市立青少年科學館以電腦科技、機器人研發、宇宙探險與開發、人類未來都市等主題為展出內容，並時常舉辦各項科學特展，頗富教育意義，相當適合年輕人去參觀！

　　館內規劃有基礎科學、資訊、環境、生命、城市、創造性等 6 個主題展覽區，以及神戶唯一的一座天象儀，藉由各種科學現象的觀察與科學設施的體驗，培養青少年探究科學奧祕的精神。

　　在館內，可以看到直徑 42 公尺，全日本最大的地球儀和智慧機器人「小神通」，並能體驗月球重力實驗及人體隧道、觀察太陽黑子和太陽表面的烈焰等，內容非常豐富。

　　在天象儀中，利用投影的方式將兩萬五千顆星星投射在直徑 20 公尺的圓形屋頂內，仰望星空，璀璨動人！館方也依照季節的不同，講解天體的運行與變化，無論男女老少都聽得如癡如醉，也增加了不少天文知識。

　　除了常態性的展覽之外，每年春假的「企劃展」、暑假的「特別展」，以及冬季的「鐵路模型展」，也都是吸引遊客參觀的重點。

Data

神戶市立青少年科學館
◎ 開館時間：周一至周五 9:30 ～ 16:30，周末假日、春假、暑假期間 9:30 ～ 19:00。
◎ 休館日：周三、新年期間（12 月 28 日～翌年 1 月 4 日）。
◎ 門票：全票￥600、學生票（高中以下學生）￥300；參觀天象儀須另購票，全票￥400、學生票￥200。
◎ 網址：www.kobe-kagakukan.jp

京コンピューター前（京電腦前，Kyokonpiutamae）

如何前往：大阪車站搭乘「JR 神戶線新快速」電車→三
ノ宮（車資￥390，車程22分鐘），轉乘往「神
戶空港」的「ポートライナー」（新交通港
灣人工島線）電車→京コンピューター前（車
資￥280，車程14分鐘，提醒：若有購買神
戶街遊券或其擴大版，則搭乘「ポートライ
ナー」電車不必再購票）。

旅遊景點：神戶花鳥園。

神戶花鳥園

　　神戶花鳥園是一座以花與鳥為主題的樂園，遊客可以
在園中欣賞各種花卉、鳥類，也可以和鳥兒們互相接觸，深
受小朋友們的喜愛！園內栽植了各種熱帶植物，百花齊放，
宛如一座五彩繽紛的花卉宮殿，非常漂亮！值得一提的是，
園裡有原產於中南美洲，世界上最大的大王蓮，葉片直徑達
2 公尺，非常驚人！小朋友站在葉片上也不會沉下去。開出
來的花直徑寬達 15 ～ 30 公分，可以說是世界之最！

　　園中最受歡迎的節目應該是「猛禽秀」和「企鵝秀」。
猛禽秀一天三場，由馴鷹者指揮老鷹、貓頭鷹、大鸚鵡等表演，
是熱門的節目之一；而每天下午 1:00 開始的企鵝秀，遊客可
以看到企鵝排好隊，沿著鴛鴦池步行前進，搖搖擺擺的身影，
非常可愛！除了猛禽區展示各種猛禽之外，園內也有各種熱帶
鳥類，如：巨嘴鳥、犀鳥、鸚鵡、巴哥、朱鷺、雉雞、黑翅長
腳鷸、錦雞、藍孔雀等，還有優游於
池中的野鴨、鴛鴦、企鵝、白天鵝、
黑天鵝等。此外，這裡的「魚醫生」
也受到遊客們的喜愛，當你把腳放
入魚池中，小魚會把腳上的角質吃
掉，達到去角質的效果，十分有趣！

Data

神戶花鳥園
◎ 開園時間：9:30 ～ 17:00，周末及國定假日 9:30 ～ 17:30。
◎ 休園日：全年無休。
◎ 門票：全票（國中以上）￥1,500、半票（小學生）￥700、
　　敬老票（65 歲以上）￥1,000。
◎ 網址：www.kamoltu.cu.jp/kobe

元町（もとまち，Motomachi）

如何前往：1. 大阪車站搭乘「JR神戶線快速」電車→元
町（車資¥390，車程29分鐘）。

2. 阪神梅田車站搭乘「阪神線直通特急」電
車→元町（車資¥310，車程33分鐘，提
醒：若有購買神戶街遊券「阪神擴大版」
者，建議搭乘此路線，不必再購買車票）。

美食料理：南京町。

旅遊景點：美利堅公園。

主題展示：神戶海洋博物館。

景觀欣賞：神戶港燈塔、神戶港巡行。

元町車站東口

南京町

南京町是神戶地區的中華街，也是熱門的觀光景點，
金碧輝煌的樓門上掛著「南京町」的匾額，是這裡最顯著的
標誌。

走進南京町，就可以看到街道兩旁的中華料理店，一家

接著一家，令人看得目不暇給。有些店家在門前擺著大蒸籠，現做現賣肉粽、大肉包，飄散出濃濃的香味，令人垂涎二尺。

當然，這裡也有不少販賣中華料理的食材店及雜貨店，有些商店裡也擺放著新竹米粉、統一肉燥米粉等，使人看了感覺格外親切。在這裡，可以吃到各式各樣的中華料理及台灣料理，滿足了不少饕客的口腹之慾。

每年農曆新年，在南京町舉行的「春節祭」是旅日華人的重要祭典。不但華僑們洋溢著歡樂的氣氛，連日本人也受到喜慶的感染；尤其是長達 40 公尺的舞龍表演，更使整個祭典活動達到最高潮！

Data

南京町
◎ 交通：從元町車站東口往正前方走，約 5 分鐘就可以看到南京町的「長安門」。

美利堅公園（メリケンパーク）

美利堅公園是為了紀念神戶開港 120 周年而建設的港濱公園，於 1987 年開放。公園就在神戶港濱，景色迷人，是神戶地區相當受歡迎的大眾休閒公園。園區內的神戶海洋博物館及神戶港塔，都是著名的旅遊觀光景點。

Data

> 美利堅公園
> ◎ 交通：1.元町車站東口出來，往正前方直走，經過「南京町」
> 　　　　　後繼續前進，約 15 分鐘路程。
> 　　　　2.在「元町1丁目」站牌（南京町對面）搭乘「市內
> 　　　　　循環巴士」→メリケンパーク（美利堅公園）。

美利堅公園除了寬廣的綠地與誘人的花香之外，園方也規劃了四項值得一看的「屋外展示」區：

1. 神戶港震災紀念公園：將 1995 年阪神大地震時，神戶港區震災受損情況保存下來，並展示相關的災後重建、復甦建設計畫等資訊，提供遊客參觀。

2. 「大和1號」超電導電磁推進船：日本研發出以電磁力推進方式產生動力的新型船隻，並於 1992 年 6 月 16 日在神戶港試航成功，成為世界上第一艘超電導電磁推進船，並將它展示在美利堅公園裡。

3. 「疾風號」高速船：日本研發出的海上高速船隻，每小時船速高達 50 海里（約 92.6 公里），並於 1994 年在神戶港試航成功。而從 1997 年 5 月起在美利堅公園展示的「疾風號」高速船模型，船身長約 17.1 公尺，大小約為實際船體的六分之一。

4. 「聖瑪麗亞號」復元帆船：「聖瑪麗亞號」是 1492 年時，哥倫布率領海上艦隊登陸聖薩爾瓦多群島，發現美洲新大陸時的旗艦；日本仿照當時船艦的樣式，製作出栩栩如生的「聖瑪麗亞號」模型，陳列在美利堅公園戶外讓遊客參觀。

神戶海洋博物館

　　神戶海洋博物館位於美利堅公園內，是一座結合了「海洋、船舶與港灣」為主題的綜合博物館，於 1987 年 4 月時，為了慶祝神戶開港 120 周年紀念而開幕的博物館。館內展出的主題，以神戶港的歷史、世界各國民族風味的船舶、神戶港的技術及船之科學等內容為主。

　　位於屋外展示場的英國海軍艦艇「羅多尼號」（ロドニー号），是依照 1868 年時，從英國駛入神戶港的旗艦，按 1：8 的比例縮小製作而成的模型船隻；雖然是模型，長度僅有 12 公尺，但卻製作得栩栩如生，連艦艇上的九十四門大砲也都製作得維妙維肖。

　　位於二樓的 3D 立體映像電影院及 360 度環狀超大型影視，能使遊客彷彿置身於影片的故事情節，跟著影片的節奏體驗其中的迫力與震撼效果，深受遊客們喜愛。此外，館方也規劃了與「阪神大地震」相關的展示；除了說明地球內部的構造、地震發生的緣由及阪神地區震災的情況之外，也提醒大家記取地震的可怕，並隨時做好防震措施。

Data

神戶海洋博物館
◎ 開館時間：10:00 ～ 17:00（入館時間 16:30 止）。
◎ 休館日：周一、新年期間（12 月 29 日～翌年 1 月 3 日）。
◎ 門票：全票￥500、半票（國中、小）￥250；共通券（含「神戶港燈塔」）
　　　　 全票￥800、半票￥400。
◎ 網址：www.kobe-meriken.or.jp/maritime-museum

神戶港燈塔（ポートタワー）

　　轟立於神戶中突堤的神戶港燈塔是一座紅色的巨型鐵塔，由於顏色醒目耀眼，也成為神戶港的象徵。這座燈塔建於 1963 年，高度約為 108 公尺，塔上設有迴轉式空中咖啡廳，每 10 分鐘旋轉一周，遊客可以一邊喝咖啡、飲茶，一邊眺望神戶地區的景致；尤其在這裡看夜景，景色更是耀眼迷人！

　　為了讓遊客能看得更清楚，頂樓的展望台上特別設置了放大 30 倍的望遠鏡，提供給遊客利用。

Data

神戶港燈塔
◎ 開放時間：3～11 月 9:00～21:00，12～2 月 9:00～19:00。
◎ 公休日：不定休。
◎ 門票：全票￥600、半票（國中、小）￥300；共通券（含「神戶海洋博物館」）全票￥800、半票￥400。
◎ 網址：www.kobe-meriken.or.jp/port-tower

神戶港巡行（神戶港めぐり）

　　來到神戶港，當然得搭乘神戶港的遊覽船，來一趟「神戶港巡行」，體驗一下乘風破浪的海上浪漫之旅，才不虛此行！

　　神戶港巡行的行程分為兩種：一種是「港內遊覽」，範圍就在神戶港附近；另外一種是「明石海峽大橋行程」，則前往明石海峽大橋瀏覽之後，再回到中突堤，距離較遠，遊覽的時間較長，所以船資也較高。

神戶港巡行資訊（周三公休）

航程	神戶港內遊覽	明石海峽大橋行程
航班	10:00 ～ 17:00，每小時一班	10:30、13:30、15:30、17:30
船票	全票￥1,300、半票￥650	全票￥2,000、半票￥1,000

Data

神戶港巡行
◎ 交通：1.元町車站東口出來，往正前方直走，經過「南京町」後繼續前進，約 20 分鐘路程。
　　　　2.在「元町 1 丁目」站牌（南京町對面）搭乘「市內循環巴士」→ 中突堤。

神戶（こべ，Kobe）

如何前往：1. 大阪車站搭乘「JR 神戶線新快速」電車→
神戶（車資¥390，車程25分鐘）。
2. 神戶地鐵「三宮‧花時計前」車站搭乘「神
戶地鐵海岸線」電車→ハーバーランド
（港口廣場）（車資¥200，車程5分鐘，
提醒：若有購買神戶街遊券或其擴大版，則
搭乘「神戶地鐵海岸線」電車不必再購票）。

旅遊景點：港口廣場。

港口廣場（ハーバーランド）

　　港口廣場是距離神戶車站最近的海濱地區，從神戶車站
步行，約10分鐘就到了。這裡也是新興的休閒活動區，無
論是購物商場或娛樂設施都很完善。其中的「加納利花園」
（キャナルガーデン）更是吸引人潮的新興商店街，街頂距
地面40公尺，採用開放式的天窗設計，使人感受超大空間
的舒暢感，也成為遊客逛街購物的新據點。

　　而位於海濱的「馬賽克遊園地」（モザイク）也是超
人氣的旅遊點，個性商店、高級餐廳、娛樂設施等，處處可
見；尤其是一座高50公尺的摩天輪（大觀覽車），不但是
這裡的象徵，也是俯瞰神戶海景的最佳場所。港口廣場對岸
就是美利堅公園，站在這裡就可以看到神戶港燈塔。

新長田（しんながた，
Shin-Nagata）

如何前往：1. 大阪車站搭乘「JR 神戶線新快速」電車→
神戶，轉乘「JR 神戶線普通」電車→新長
田（車資￥620，車程 32 分鐘）。

2. 三ノ宮車站搭乘「JR 神戶線普通」電車→
新長田（車資￥170，車程 9 分鐘）。

3. 神戶地鐵「三宮・花時計前」車站搭乘「神
戶地鐵海岸線」電車→新長田（車資￥260，
車程 15 分鐘）。

4. 神戶地鐵新神戶車站搭乘「神戶地鐵西神・
山手線」電車→新長田（車資￥260，車
程 15 分鐘）。

（提醒：若有購買神戶街遊券或其擴大版
者，建議搭乘第 3、4 路線，不必再另購
車票。）

旅遊景點：鐵人 28 號商圈。

鐵人 28 號商圈

位於新長田車站附近的若松公園廣場上，站立著一具
高達 18 公尺的漫畫人物塑像「鐵人 28 號」，這是為了紀
念已故的神戶漫畫家橫山光輝而製作，「鐵人 28 號」是橫
山於 1956 年創作的漫畫《鐵人 28 號》裡的主角人物。

由於「鐵人 28 號」的風靡，該地商店街成立了 NPO
財團法人進行「神戶鐵人計畫」，亦即協助地震的賑災復興
工作並推展觀光活動；除了設立「橫山光輝紀念館」之外，

也製作巨大的「鐵人28號」塑像作為新長田的象徵，使新長田成為著名的觀光景點。

　　橫山的漫畫作品相當多，除了風靡全球的機器人漫畫《鐵人28號》（鉄人28号）之外，歷史故事《三國志》（三国志）更是暢銷巨著。《魔法少女莎麗》（魔法使いサリー）則是日本第一部少女動畫片，《伊賀影丸》（伊賀の影丸）也掀起了日本忍者的話題；此外，《假面忍者紅影》（仮面の忍者赤影）、《鐵甲人》（ジャイアントロボ）等都相當膾炙人口，其中不少都已被拍成動畫片，喜歡漫畫的人一定要到這裡看看！

　　讀者們可以規劃半天的時間，悠閒地逛逛鐵人28號商圈，從新長田一番街商店街漫步到大正筋商店街，然後左轉到六間道商店街，再左轉到本町筋商店街，沿途可以看到大大小小的三國人物塑像，關羽、趙雲、孫權、曹操、周瑜、司馬懿、孔明、劉備等一一再現，吸引許多遊客爭相拍照，也促進觀光效益。商店街裡除了販售各式各樣與漫畫相關的商品之外，餐飲店也是一家接著一家，在這裡很容易就可以解決民生問題。

須磨海浜公園（すまかいひんこうえん，Sumakaihinkouen）

如何前往：大阪車站搭乘「JR神戶線快速」電車→須磨，
　　　　　轉乘回程的「JR普通」電車→須磨海浜公園
　　　　　（車資¥690，車程45分鐘）。

主題樂園：須磨海浜水族園。

須磨海浜水族園

　　須磨海浜水族園占地廣闊，園裡展示的水生生物約有500種，總數約2萬尾之多。從本館入口進去，展現在眼前的是一座高達2層樓的巨大波浪水槽，面寬25公尺，儲水量1,200噸，遊客可以看到海洋中的鯊魚、鰩魚和沙丁魚群等活生生的在眼前游來游去。

　　園裡的展館相當多，如：能近距離看到魚餌餵食的「餵食秀劇場」、設置在林木中的地下式水槽「森林水槽」、日本第一座圓筒形水中隧道「亞馬遜館」、研究並繁殖頻臨絕種淡水魚類的「世界淡水魚館」，以及深受小朋友們喜愛的「企鵝館」等都相當具有特色。

　　值得一提的是，亞馬遜館展示的內容以「地球最後祕境──亞馬遜河流域」的生態環境及魚類分布為主；其中，最吸引遊客目光的有：世界最大的淡水魚「象魚」（ピラルク），有「黃金魚」之稱的「劍魚」（ドラド）、恐怖的食人魚，以及生存在亞馬遜河流域的兩棲類、爬蟲類等，這些都是平常難得一見的特有生物，值得去看看！

　　除了室內展館之外，戶外的海豚表演秀、企鵝秀和海獺表演等也都相當精采！此外，園區裡也設置一座遊樂園，讓親子在欣賞海中生物之餘，也能同享遊園之樂。

Data

須磨海浜水族園
◎ 開園時間：9:00 ～ 17:00，暑假期間（7 月 20 日～ 8 月 31 日）9:00 ～ 20:00。
◎ 休園日：周三（日本國定假日、春假、暑假無休）。
◎ 門票：全票￥1,300、學生票（15 ～ 17 歲）￥800、兒童票（6 ～ 14 歲）￥500，幼稚園以下免費。
◎ 網址：sumasui.jp

須磨（すま，Suma）

如何前往：大阪車站搭乘「JR神戶線快速」電車→須磨
　　　　　（車資￥690，車程42分鐘）。

海水浴之樂：須磨海水浴場。

須磨海水浴場

　　須磨海水浴場是大阪近郊最受歡迎的超人氣海水浴場，海岸線長達2公里。白色的沙灘上，一頂接著一頂花色大陽傘，將海岸線點綴得五彩繽紛；在豔陽的照耀下，顯得既亮麗又壯觀。

　　每年盛夏季節，從大阪、神戶各地湧來的遊客聚集在這個清新的水域泡水、消暑，也吸引許多商家在這裡設攤，如：橡皮艇及泳圈出租、冰淇淋販售、章魚丸子、零食小吃等，非常熱鬧！此外，每年7月中旬會在這裡舉辦水陸競技大賽（アクアスロン大會），8月上旬則舉辦全日本大學沙灘排球男女錦標賽（全日本大学ビーチバレー男女選手權大會），吸引許多遊客到此觀賽。

舞子（まいこ，Maiko）

如何前往：大阪車站搭乘「JR 神户線快速」電車→舞子（車資￥780，車程 49 分鐘，提醒：來回車資￥1,560，若當日還有其他行程，可考慮購買「日本關西鐵路周遊券一日券」￥2,000）。

主題展示：橋樑科學館。

景觀欣賞：舞子海上步道觀景台。

參觀景點：孫中山紀念館。

海水浴之樂：舞子海水浴場。

橋樑科學館

橋樑科學館展示的內容，以介紹世界上著名橋樑的一流建築技術為主，當然也包含明石海峽大橋；透過這些資料的介紹與展出，可以增進遊客關於橋樑建築的知識。

館中也展示了明石海峽大橋的模型、相關的文件資料及錄影帶等，遊客透過 3D 立體映像的影片播放，可以很清楚地看到明石海峽大橋興建時的真實狀況及工事紀錄，也能對明石海峽大橋有更進一步的認識與暸解。

Data

橋樑科學館
◎ 開館時間：9:30 ～ 18:00，暑假期間（7 月 20 日～ 8 月 31 日）9:30 ～ 19:00。
◎ 門票：全票￥200、半票（中、小學生）￥100；共通入館券（含「橋樑科學館、舞子海上步道觀景台、孫中山紀念館」）全票￥880、半票￥440。
◎ 交通：從舞子車站步行，大約 3 分鐘就到了。

舞子海上步道觀景台（舞子海上プロムナード）

明石海峽大橋於 1998 年竣工，全長 3,911 公尺，採用吊橋式建築，距海平面高度約 300 公尺，中間只有兩座橋墩支撐，相隔 1,991 公尺，是世界上最長的「吊橋」。

兵庫縣政府為了增進明石海峽大橋的觀光功能，特別在橋桁內部設置了海上步道觀景台；遊客在海面上約 46 公尺的高空步道中一邊散步，一邊俯瞰瀨戶內海的景致，感覺相當棒！

海上步道是採用迴遊式動線設計，讓遊客在海上散步的同時，也能盡情地欣賞瀨戶內海的美景，充分享受愉快的休閒時光。從觀景台的玻璃窗向下俯瞰，海面上的船隻都從腳下交錯而過；透過橋上的監視錄影機，遊客也可以很清楚地看到舞子海岸的景色，令人心曠神怡！

Data

舞子海上步道觀景台
◎ 營業時間：9:30 ～ 18:00，暑假期間（7 月 20 日～ 8 月 31 日）9:30 ～
　　19:00。
◎ 公休日：每月第二個周二、年末三天（12 月 29 ～ 31 日）。
◎ 門票：全票￥500、半票￥250。

孫中山紀念館（移情閣）

孫中山紀念館又名移情閣，位於舞子車站附近，是日本唯一紀念中國革命家、政治家與思想家孫文先生（旅日時化名中山樵）的博物館。

這裡原本是中國實業家吳錦堂先生的別墅「松海山莊」。大正 2 年（1910）時，孫文先生到神戶地區訪問，在這裡參加了日本僑界及友人所舉辦的午餐會。到了大正 4

年（1915）春，吳先生在別墅東側增建了一棟三層樓的八角形樓閣「移情閣」。

昭和 57 年（1982），負責管理的神戶華僑總會將這裡捐贈給兵庫縣政府；經過整修後，於昭和 59 年（1984）11 月 12 日設立為「孫中山紀念館」，並對外開放參觀。平成 5 年（1993）12 月時，兵庫縣政府宣布「孫中山紀念館」為「重要有形文化財」。

平成 6 年（1994）3 月，為了配合明石海峽大橋的建設，暫時將這裡拆除。一直到了平成 12 年（2000）4 月，才在原來位置的西南方約 200 公尺處完成重建孫中山紀念館的工程。顧名思義，館內的展示當然就是以關於孫中山先生的史料為主。

在這裡，遊客可以看到孫中山先生的珍貴照片、生平介紹、手稿、遺物等，以及宋美齡、吳錦堂、也曾造訪過神戶的康有為、梁啟超等人的資料；經由這些史料的展出，遊客可以很清楚地瞭解孫中山先生的革命歷程與在日期間的革命活動，這些史料都非常珍貴、難得，有興趣的朋友不妨去看看！

Data

孫中山紀念館（移情閣）
◎ 開館時間：10:00 ～ 17:00，入館時間至 16:00 止。
◎ 休館日：週一及新年期間（12 月 29 日～翌年 1 月 3 日）。
◎ 門票：全票￥400、學生票￥250。
◎ 交通：從舞子車站步行，大約 5 分鐘，就在橋樑科學館附近。

舞子海水浴場

舞子海水浴場經過一段時間的整修後，於 1998 年 4 月重新開放。整修後的舞子海水浴場呈現出更迷人的景觀；總長約 800 公尺的海岸邊，白色的細沙、青翠的綠樹，使這裡成為新的海岸觀光勝地。

舞子海水浴場也是距離明石海峽大橋最近的海水浴場，許多遊客特地到這裡眺望通往四國的明石海峽大橋，同時享受海水浴之樂。從舞子車站步行，大約 7 分鐘就到了。

姬路（ひめじ，Himeji）

如何前往：大阪車站搭乘「JR 神戶線新快速」電車→姬
路（車資￥1,450，車程 57 分鐘，提醒：來
回車資￥2,900，建議購買「日本關西鐵路周
遊券一日券」￥2,000。）

歷史名城：姬路城。

旅遊景點：好古園。

遊樂園地：姬路市立動物園。

姬路車站中央口

姬路城

　　姬路城雪白的城垣，好似一隻展翅飛舞的白鷺，因此
又有「白鷺城」的美稱。它不但是日本的國寶，也是世界級
古蹟；1992 年，世界遺產條約中，批准將姬路城列為世界
文化遺產，更顯現它的文化價值與地位。

　　姬路城最早建於日本的南北朝時代（1346），為當時
鎮守播磨的守護將軍之子赤松貞範所建；到了織豐時代，羽
柴秀吉以此地作為爭霸的根據地，並加以整建，才在 1581
年時完成了三層樓的天守閣。

　　織豐時代末期，池田輝政鎮守於此，經過八年（1601～
1609）的大力擴建，
不但城郭擴張，也完

成了地上五層，地下兩層的天守閣。到了江戶時代，城主多本忠政將西之丸區域規劃擴建之後，於 1618 年完成了今天我們所見到的姬路城規模。

姬路城在日本漫長的歷史當中，未曾遭受戰爭或火災的摧殘與破壞，完全保持了興建之時的式樣與位置，實屬奇蹟；因此，它也是日本最具代表性的城郭建築。

姬路城有一項與其他城堡不同的特色，就是：城牆內共有四座天守閣；除了一座主要的天守閣之外，又有三座小天守閣。此外，位於天守閣頂層的「長壁神社」，原本是這座小山丘的地主神，在興建城堡之時，才將祂移至城內供奉，以祈求平安；或許，這就是姬路城能安然度過日本戰火紛擾的戰國時代的主要原因吧？

每年 8 月 4～6 日在這裡舉行的「姬路城祭」（姬路お城まつり）是一項非常熱鬧的活動；尤其是 5 日當天，在大手前通的馬路上舉行盛大的遊行，參加的隊伍成員個個穿著華麗的服飾，隨著充滿動感的森巴音樂起舞，將古典與現代融合為一，相當有趣！此外，也有「姬路城女王」（お城の女王）發表會，推選出當年度的「姬路城女王」，使整個活動顯得更多采多姿。

Data

姬路城
◎ 開放時間：9:00～17:00，入城時間至 16:00 止；夏季期間（6～8 月）9:00～18:00，入城時間至 17:00 止。
◎ 公休日：年末三天（12 月 29～31 日）。
◎ 門票：全票￥600、半票￥200；「姬路城好古園共通券」全票￥720、半票￥280。
◎ 交通：1.往車站北口正前方（大手前通）直走，約 15 分鐘路程。
　　　　2.車站北口 1 號站牌搭乘往姬路城的巴士→姬路城‧大手門前，車程約 5 分鐘。

好古園

　　好古園位於姬路城西南方。根據日
本考古學者發掘、調查之後，確定這裡是
姬路城境內一座庭園的遺跡「西御屋敷
跡」，因此便積極展開整建工程。終於在
平成 4 年（1992），姬路市建市 100 周
年紀念時，讓這座曾經煙滅了的古庭園再
度復活，重現於世人的眼前。

　　重建後的好古園占地約 10,000 坪，境內由御屋敷之庭、
茶之庵、潮音齋、流水之平庭等九大庭園所構成，處處可見
小橋流水的池泉迴遊式建築，使江戶初期的歷史景觀再現；
日本的時代劇及大河劇場都曾在這裡拍攝、取景。

Data

好古園
◎ 開園時間：9:00～17:00，入園時間至16:00止；夏季期間（6～8月）9:00～
　　　　　　18:00，入城時間至 17:00 止。
◎ 休園日：新年期間（12 月 29 日～翌年 1 月 1 日）。
◎ 門票：全票￥300、半票￥150；「姬路城好古園共通券」全票￥720、半
　　　　票￥280。

姬路市立動物園

　　姬路市立動物園就在姬路城前的三之丸廣場東側，園
內飼養的動物包含：大象、獅子、長頸鹿等大型動物及珍貴
稀有的小型鳥類，約有 130 種，共計 430 多頭。由於小朋
友們都喜愛到動物園看動物，因此這裡也成為姬路市民親子
同遊的最佳景點；每逢周末假
日，園區內處處可見小朋友們
歡樂的面孔，也充滿了愉快的
歡笑聲。

Data

姬路市立動物園
◎ 開園時間：9:00～17:00。
◎ 休園日：新年期間（12 月 29 日～翌年 1 月 1 日）。
◎ 門票：全票￥200、半票￥30。

Part
8

京都奈良
Travel in kyoto & Nara

京都
嵯峨嵐山
東福寺
稲荷
宇治
奈良
西ノ京

　　京都自古即為日本的首都，境內的古剎神社特別多，清水寺、八坂神社、銀閣寺、金閣寺，以及嵐山地區的天龍寺等都是頗負盛名的名寺，著名的京都祇園祭、時代祭與葵祭更增添京都旅遊的文化氣息。此外，京都也是個現代化的都市，百貨公司、商店街林立的四条河原町是遊客逛街購物的最愛，具備教育功能的梅小路蒸氣機関車館和提供休閒功能的東映太秦映畫村、嵯峨野觀光小火車等，更增添在京都旅遊的樂趣！

　　宇治位於京都前往奈良途中，所生產的宇治茶堪稱西日本第一，上等的茶葉也是日本茶道（抹茶）的主要茶源。奈良古稱「平城京」，歷史比京都更久遠，境內除國寶級名寺外，自然美景與野生鹿群也吸引眾多遊客造訪，值得深度漫遊，細細品味古都寧靜與建築之美！

京都（きょうと・Kyoto）

如何前往：1. 大阪關西國際機場搭乘「JR 特急 HARUKA
自由席」電車→京都（車資¥2,980，車
程76分鐘）。

2. 大阪車站搭乘「JR 京都線新快速」電車→
京都（車資¥540，車程29分鐘），從中
央口（烏丸口）出來。

古剎名寺：東本願寺、西本願寺、東寺、三十三間堂、
清水寺、八坂神社、知恩院、平安神宮、南
禪寺、銀閣寺、下鴨神社、上賀茂神社、金
閣寺。

心靈散步：哲學之道。

逛街購物：錦市場、新京極。

美食料理：先斗町通。

參觀景點：二条城、神泉苑。

京都三大祭：祇園祭、時代祭、葵祭。

主題博物館：梅小路蒸氣機關車館。

人氣樂園：東映太秦映畫村。

京都車站周邊

在京都市內旅遊，最方便的方式就是搭乘「市バス」
（京都市公車），讀者們要記得購買「公車一日券」（請參
閱「大阪旅遊須知」），保證物超所值！必須特別注意的是，
日本的公車是靠左行駛，站牌也設置在馬路左側；另外，京
都市公車是「後門上車、前門下車」，每個站牌都有該路線
公車的「班次時刻表」，以利遊客掌握搭乘時間。有些景點
有數條公車路線可以抵達，讀者們可以參閱「公車一日券」
附贈的路線圖加以靈活運用。

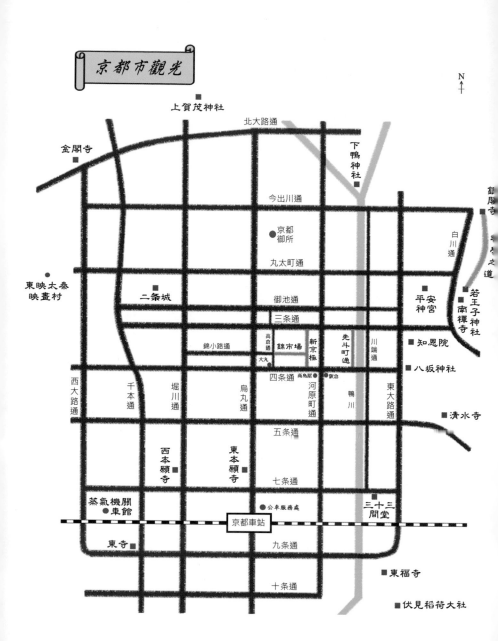

東本願寺

　　東本願寺距離京都車站不遠，是日本佛教「真言宗大谷派」的總寺院。明治 28 年（1895）重建完成的御影堂，面寬 76 公尺，屋高 38 公尺，深達 58 公尺，是世界上最大的木造建築物。

　　這座位於京都市區的大寺院，可以說是鬧中取靜，也為人們提供了一處沉思自省的好去處。

Data

> 東本願寺
> ◎ 開放時間：3 ～ 10 月 5:50 ～ 17:30，11 ～ 2 月 6:20 ～ 16:30。
> ◎ 門票：免費。
> ◎ 交通：車站出口順著「烏丸通」向前直走，約 5 分鐘路程。

西本願寺

　　西本願寺占地寬廣，是日本最大的佛教宗派「淨土真宗本願寺派」的管轄寺院，在御影堂、阿彌陀堂供奉的是其宗師親鸞聖人。位於境內東南方的飛雲閣是建於桃山時代（1573 ～ 1603）的三層樓閣，頗具華麗特色，與金閣、銀閣並稱為京都三名閣。

　　每年賞楓時期，境內的摘翠園裡滿園楓紅，渲染成一片豔麗色彩，使西本願寺展現出另一番風味。

Data

> 西本願寺
> ◎ 開放時間：5:30 ～ 17:30。
> ◎ 門票：免費。
> ◎ 交通：1. 從東本願寺沿著「七条通」向西走，約 5 分鐘路程。
> 　　　　 2. 車站前搭乘 9 號公車～西本願寺前。

梅小路蒸氣機関車館（蒸氣火車博物館）

　　梅小路蒸氣機関車館於昭和 47 年（1972）開幕，當年正逢日本鐵路開業 100 周年紀念，為了保存具有歷史意義與價值的蒸氣火車頭，才成立了這間博物館。

　　館內的舊二条車站是日本最早的木造車站。這座造型典雅的車站，原建於明治 37 年（1904），是當時的京都鐵路公司所建造；到了平成 8 年（1996），由於 JR 嵯峨野線鐵路高架化之後，才將這棟具有歷史價值的車站遷移到這裡，遊客也可以進入車站內參觀。

此外，館內也有一座扇形車庫及轉車台，讓遊客明瞭火車頭的調度及轉向方式，非常有趣。當然，這裡也

Data

梅小路蒸氣機関車館
◎ 開館時間：10:00 ～ 17:30。
◎ 休館日：周一、新年期間（12 月 29 日～翌年 1 月 3 日）；但春假（3 月 25 日～4 月 7 日）、暑假期間（7 月 21 日～8 月 31 日）無休。
◎ 門票：全票（高中以上）￥400、半票（國中～4 歲）￥100。
◎ 交通：車站前搭乘 33、往「金閣寺」的 205 公車→梅小路公園前，再步行約 5 分鐘。

展示了日本國產的蒸氣火車頭及相關資料，對火車有興趣的朋友不妨去看看。

東寺（教王護国寺）

　　東寺又稱為教王護国寺，是弘法大師空海創建的道場，現為真言宗大寺院，也是集密教文化之大成的國寶級建築。

　　境內的五重塔高 57 公尺，從京都車站就看得到，是日本最大的塔建築；而金堂則是混合了日式、唐式及天竺式（印度）的建築，成為具有桃山時代特色的代表作。此外，五大菩薩像、五大明王像、四天王像、梵天座像及帝釋天像等古佛像，都值得參觀。

Data

東寺
◎ 開放時間：3 月 20 日～9 月 19 日 8:30～17:30，9 月 20 日～翌年 3 月
　　19 日 8:30～16:30。
◎ 門票：免費，部分館堂（金堂、講堂、五重塔）須收費。
◎ 交通：1. 京都車站前搭乘 19 號公車→東寺南門前。
　　　　　2. 京都車站搭乘「近鐵京都線」電車→東寺，再步行約 5 分鐘。

東山地區

　　206 公車路線：京都車站前→博物館三十三間堂前（三十三間堂）→五條板（清水寺、地主神社）→祇園（八坂神社）→知恩院前（知恩院）。

三十三間堂

　　三十三間堂原名為「蓮華王院本堂」，是京都有名的寺院，相傳是平安時代後白河天皇命平清盛所建的離宮。到了鎌倉時代中期（1266）時，加蓋了千體觀音堂後，形成了長118公尺，寬16.4公尺，世界上最長的堂屋建築。除去前後2間，內部剛好隔成33間；因此，蓮華王院本堂反而以「三十三間堂」之名著稱。

　　堂中所供奉的千手觀音座像，是出自於鎌倉時代的湛慶佛師之手；本尊左右兩旁各有五百尊千體觀音塑像，每一尊觀音像的表情都不同，非常壯觀。據說，如果能一尊一尊的看完，就能夠與心愛的人結成連理，白頭偕老喔！

　　在這一千零一尊觀音像兩旁，則立有風神及雷神像，背後另有二十八尊諸神立像，值得參觀！

Data

三十三間堂
◎ 開放時間：4月1日～11月15日 8:00～17:00，11月16日～翌年3月31日 9:00～16:00。
◎ 門票：全票￥600、學生票￥400、半票￥300。
◎ 交通：車站前搭乘206公車→博物館三十三間堂前。

清水寺

　　清水寺是京都地區相當有名的古寺，也是北法相宗的統領寺院。清水寺建於奈良時代（780），坂上田村麻呂所創建，位於懸崖旁的清水寺本堂則建於江戶時期（1633）。由於本堂突出於懸崖邊，宛如一座表演舞台，因此清水寺又以「清水之舞台」聞名。

　　從清水寺遠眺，視野極佳，周圍環境相當清幽，令人心曠神怡！清水寺也是京都地區著名的賞櫻、賞楓景點，每年4月上旬的「櫻花祭」與11月中、下旬的「紅葉祭」都吸引大量遊客到此一遊。

Data

清水寺
◎ 開放時間：6:00～18:00。
◎ 門票：全票￥300、半票￥200。
◎ 交通：車站前搭乘206公車→五条板。下車後，往清水寺的方向走，約10分鐘路程。

　　境內的地主神社是促進姻緣的神社，單身者去參拜可以求得一段好姻緣，情侶一起參拜則可以促進感情加溫。每年7月7日的「七夕祭」時，參加的信徒將願望寫在祈福板上，藉由祭典儀式告知神明，以庇佑有情人終成眷屬；對姻緣有需求者不妨順道去祈求看看，或許會有美好的結果喔！

八坂神社

　　八坂神社建於飛鳥時代（656），神社內供奉了三尊主神，其中的「素戔嗚尊」別名「牛頭天王」，祂不但是日本皇室的信仰神祇，也是一尊主掌消災除厄、治病開運及藝術技能的神祇。因此，八坂神社自古以來就是京都地區重要的信仰中心。

　　位於巴士站牌附近的西樓門，是在室町幕府時代（1497）才建造而成；如今，這座「朱紅色的樓門」早已成為祇園地區的象徵。而在南樓門前的鳥居，是日本的三大石造鳥居之一，與日光「東照宮」及

Data

八坂神社
◎ 開放時間：9:00 ～ 17:30。
◎ 公休日：全年無休。
◎ 門票：免費。
◎ 交通：車站前搭乘 206 公車→祇園，車程約
　　　　15 分鐘。八坂神社就在站牌對面。

鎌倉「鶴岡八幡宮」的鳥居齊名。每年 7 月 16 ～ 17 日在八坂神社舉行的「祇園祭」是「京都三大祭」之一。

Info

京都三大祭之一　祇園祭

　　京都祇園祭不但是京、阪、神地區重要的「夏之祭」，也是日本著名的三大祭典活動之一。每年祭典期間，來自世界各國的記者紛紛到京都採訪，再將祭典活動的內容傳送到全世界。

　　從 7 月 1 日起，京都的街頭就充滿了祭典的氣氛。祇園祭主要的祭祀活動在八坂神社舉行，祭典的目的是為了消災除厄；雖經歷了一千一百三十年的歷史，但京都人卻都非常珍惜這項傳統文化，並能代代相傳，使祭典的活動一年比一年盛大。祭典的重頭戲是 7 月 16 日的「宵山」和 17 日的「山鉾巡行」。

　　宵山又稱為「獻茶祭」，在 16 日當天，四条通、室町通和新町通上擺放著 32 座裝飾華麗的山鉾，供遊客參觀。從傍晚起，周圍的街道實施交通管制，禁止車輛進入，整個區域成為「步行者天國」（行人徒步區）；街上也不時傳來祇園囃子（日本能樂）的演奏聲，更增添濃厚的廟會氣氛。

　　山鉾巡行又稱為「神幸祭」，17 日上午 9:00 起，遊行的隊伍抬著幾座巨大的神轎緩緩前進，每座神轎由 140 位壯丁肩房負著，從四条烏丸出發，途經四条河原町、河原町御池，到達新町御池後折返。在折返的過程中，中經驗豐富的老師傅指揮，利用溼木頭的力量，才能讓巨大的神轎安然、順利的迴轉；由於難得一見，參觀的遊客莫不目不轉睛地觀看神轎迴旋，更使整個祭點達到最高潮。

山の構造
昇手 14 人～ 24 人。
重量 1.2 トン～ 1.6 トン
大きさが多少異なる
飾り金具、人形の

朱大傘
御神体（人形）
松
見送り
御幣
角金物
前懸
欄縁
水引
胴懸
山昇
山廻し（頭領）
搭轎
担棒

鉾と山の解說

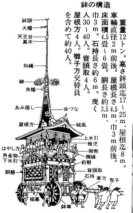

鉾の構造

鉾頭
大幡
天王台
真木
和縄
榊
角幡
あみ隠し
屋根方
はやし方
角金物
下水引
胴懸
破風
上水引
見送り
前懸
欄縁
音頭取
石持 車方 曳子
搭轎
鉾車

重量 12 トン。高さ鉾頭迄 17 ～ 25 m。屋根長迄 4.5 ～ 5 m，屋根迄 8 m。

人 30 ～ 40 人。
床面積 4.5 畳～ 6 畳。
車輪直径 2 m 前後。
巾 3 m。
石持長さ約 6 m。
音頭取 4 人。
曳く 3.5 ～ 4.5 m，巾 3 m 前後。
雜子方交替員
屋根方 4 人。
命づな
を含めて約 40 人。

知恩院

　　知恩院建於平安時代（1175）時，原為開山祖法然宗師所建的大谷禪房，現在則是淨土宗的總寺院。

　　知恩院境內的建築物都頗具歷史，大多是日本重要的文化財產及國寶，如：建於江戶時期（1619）的「櫻門」，不但是「京都三大門」之一，也是日本現存最大的木造佛門；而「銅鐘」更是日本著名的三大梵鐘之一，頗具參觀價值。另外，「濡髮堂」據說有「緣結」之益，能庇佑有情人終成眷屬，因此也吸引許多未婚男女到此一拜。

Data

知恩院
◎ 開放時間：9:00 ～ 16:30。
◎ 門票：全票￥300、半票￥150。
◎ 交通：車站前搭乘206公車→知恩院前，車程20分鐘。

市中心地區

　　5 號公車路線：京都車站前→四条高倉（錦市場）→四条河原町（新京極、先斗町通）→往銀閣寺地區。

　　9 號公車路線：京都車站前→西本願寺前（西本願寺）→二条城前（二条城）→上賀茂御薗橋（上賀茂神社）。

錦市場（錦小路通）

　　錦市場是指「錦小路通」位於「高倉通和寺町通之間、四条通北側平行」的這一段商店街，全長約400 公尺，兩旁的店鋪一家接著一家，約有 150 家，大都是販售京都當季食材、生鮮食品、醬菜和豆腐、鰻魚、鹹烹海味、魚乾，以及茶葉、京味點心、壽司等，而且可以免費試吃，吸引不少遊客慕名而來；因此，這裡也被稱為「京都的廚房」。

　　除了本地客人之外，外地的遊客來到京都時都會特別

到這裡逛逛，買些京味料理，品嘗京都獨特的飲食口味。尤其過年前，這裡成為採買年貨的最佳場所，採購的人潮更是擠得水洩不通。有機會到京都旅遊時，建議去體驗看看，保證不虛此行！

順著錦小路通往東可以走到「新京極」，這也是一條頗具特色的商店街，不妨順道逛逛。逛完後，可以從新京極走到四条通，在「四条河原町」地區搭乘公車前往想要去的地方。

Data

錦市場（錦小路通）
◎ 交通：1. 京都車站前搭乘 5 號公車→四条高倉。從大丸百貨公司旁的「高倉通」進去就到了。
　　　　2. 京都車站搭乘「地鐵烏丸線」電車→四条。從 2 號出口出來，往大丸百貨公司走，再從大丸百貨旁的「高倉通」進去就到了。

新京極

新京極是京都地區最早設立的商店街，明治 30 年代（1897）時，與東京的淺草仲見世通、大阪的千日前商店街並稱為日本最繁華的三大商店街。

新京極全長約 500 公尺，從四条河原町這端入口進去，不久就可以接到左側的錦小路通；若往北直走，則可以到達三条通。街道兩旁各式各樣的店鋪林立，早期是以和菓子店、傳統醬菜店、和服店等為主；現在則有不少新式餐飲店、西餐廳、咖啡廳等，再加上年輕人最喜愛的服飾店、飾品店、藥妝店等，使這裡蛻變成充滿朝氣與活力的商店街。

由於新京極的歷史淵源頗早，寺院多也成為這條商店街的特色，如：誓願寺、誠心院、西光寺、妙心寺、安養寺、善長寺、錦天滿宮和染殿院等，都是頗具歷史的古寺，有興趣者不妨去參觀看看。

Data

新京極
◎ 交通：車站前搭乘 4、5、17、往「北大路BT」的 205 公車→四条河原町。

先斗町通（祇園料理街）

先斗町通是位於鴨川左側的一條小巷道，南北兩端連接四条通與三条通，長約 500 公尺，沿路兩旁約有 88 間店鋪，以京都傳統口味的料理店為主，因此又有「祇園料理街」之稱。

街道內許多標榜正統京都風味的高級料理店，在料理師傅精湛的手藝下，烹調出道地的京都口味，讓喜歡傳統京都料理的饕客大呼過癮！過去，許多富商會聚在這裡的料理店飲酒作樂，並由藝妓陪酒或表演；現在則成為京都著名的傳統料理街，想要品嘗道地的傳統京都味料理，到這裡準沒錯！

Data

先斗町通（祇園料理街）
◎ 交通：1. 車站前搭乘 4、5、17、往「北大路 BT」的 205 公車→四条河原町。下車後，往鴨川的方向走，到達「四条大橋」後左邊第一條小路進去就到了。
　　　　2. 京都車站搭乘「地鐵烏丸線」電車→烏丸御池，轉乘「地鐵東西線」電車→三条京阪。從 2 號出口出來，越過「三条大橋」後左邊第一條小路進去就到了。

二条城

二条城建於江戶時代，是幕府將軍德川家康於 1603 年所建，以作為他在京都的寓所。

城內的設計分為「二之丸御殿」及「本丸御殿」兩大部分。二之丸御殿是典型的桃山文化「武家風書院」的代表建築，也是德川家康辦公與接見部屬的地方；現在已是日本的國寶級建築物。而本丸御殿則是德川家康的官邸；因此，他在四周又鑿了內濠（護城河），以防範敵人來襲。

Data

二条城
◎ 開放時間：8:45 ～ 16:00。
◎ 公休日：新年期間（12月26日～翌年1月4日）及1、7、8、12月分的周二。
◎ 門票：全票￥600、學生票（國、高中生）￥350、半票￥200。
◎ 交通：1. 京都車站前搭乘 9、50 號公車→二条城前。
  2. 京都車站搭乘「地下鐵烏丸線」電車→烏丸御池，轉乘「地下鐵東西線」電車→二条城前，再步行約 5 分鐘。
  3. 京都車站搭乘「JR 嵯峨野線」電車→二条，再步行約 10 分鐘。

這座城堡雖然經歷了四百年歲月的流逝，卻是京都地區保存得相當完整的桃山文化代表性建築，值得參觀。

神泉苑

神泉苑建於平安時代初期（794），之後因弘法大師在此舉行祈雨祭典而聲名大噪，使這裡成為一塊眾所周知的靈地，也成為日後御靈法會的修法場所。

到了江戶時代，神泉苑經過再一次的整建之後，呈現出今天我們所見到的風貌。苑內的「法成就池」周圍景色宜人，也是春天賞櫻的最佳名所。

Data

神泉苑
◎ 交通：神泉苑就在二条城南邊，距離「二条城前」車站不遠，步行約 5 分鐘。

銀閣寺地區

5 號公車路線：京都車站前→四条河原町→京都会館美術館前（平安神宮）→南禪寺・永觀堂道（南禪寺）→銀閣寺道（銀閣寺、哲學之道）。

平安神宮

平安神宮建於明治 28 年（1895），是明治天皇為了慶祝「平安京」（京都）遷都 1,100 周年紀念而建造的。明治天皇原本想建造一座與平安時代京都城規模一樣的神宮，

Data

平安神宮
◎ 開放時間：6:00 ～ 18:00。
◎ 門票：免費。
◎ 交通：1. 京都車站前搭乘 100、5 號公車→京都会館美術館前。
  2. 祇園搭乘46號公車（往平安神宮）→京都会館美術館前。
  3. 金閣寺道搭乘 204 號公車→岡崎道。

但因建造時正值日本與清朝戰爭，經費短缺，所以只完成規劃藍圖的三分之二。境內的迴遊式池泉庭園面積廣達 3 萬平方公尺，景色相當漂亮。

　　平安神宮興建之初，宮內所祀奉的是第五十代的桓武天皇；到了昭和 15 年（1940）時，才又增加祀奉第一百二十一代的孝明天皇。京都有名的三大祭典之一「時代祭」，就是在這裡舉行的，時間是每年的 10 月 22 日。

Info　京都三大祭之二　時代祭

　　時代祭也是京都三大重要祭典之一，起源於平安時代，距今已有一千兩百多年的歷史。794 年時，日本桓武天皇為了消弭佛教對政治的影響，將國都從「平城京」（奈良）遷到「平安京」（京都），使日本的歷史進入了「平安時代」。桓武天皇於遷移新都後隨即舉行祭祀大典，以慶賀新時代的來臨。

　　根據日本歷史學家考究，桓武天皇遷都的日期應該是在舊曆的 10 月 22 日；為了方便起見，便將西曆的 10 月 22 日訂為舉辦時代祭的日期。

　　到了明治時期，時代祭成為平安神宮例行性的祭典活動，同時也跨越時空，發展成各朝代服飾展的遊行活動，而且一年比一年盛大。

　　活動當天，遊行的隊伍約有二千多人，分為十八列（小隊），展現出不同朝代的主題，如：維新勤王列、德川城使上路列、江戶時代婦人列、平安時代婦人列、延曆文官行進列、弓箭組列等，聲勢相當浩大。各隊伍穿著華麗的宮廷服飾，從京都御苑出發，途經烏丸通、御池通、三条通及神宮道，最後到達平安神宮，行進路線約有 4.5 公里。

　　遊客目睹穿著宮廷服飾的隊伍緩緩前進時，宛如欣賞一幅「時代繪卷」（捲動式的古畫）一般，非常有趣！

南禪寺

　　南禪寺建於 12 世紀末，時值日本的平安時代末期。當時，從宋朝學成歸國的學問僧榮西將禪宗教義帶回日本，使禪宗得以在日本迅速流傳，進而發揚光大。後來，榮西不但成為日本佛教臨濟宗的開山始祖，南禪寺也成為臨濟宗南禪寺派的大本山。

　　原本的佛殿建於 1293 年，後因火災焚燬；現在所看到的佛殿本堂是明治 42 年（1909）時所建。南禪寺的山門名為「石川五右衛門」，與東本願寺的「大師堂門」、知恩院

Data

南禪寺
◎ 開放時間：3 ～ 11 月 8:40 ～ 17:00，12 ～ 2 月 8:40 ～ 16:30。
◎ 公休日：年末期間（12 月 28 ～ 31 日）。
◎ 門票：全票￥500、學生票（高中生）￥400、半票（國中、小）￥300。
◎ 交通：1. 京都車站前搭乘 5 號公車→南禪寺、永觀堂道，再走約 5 分鐘。
　　　　2. 京都車站搭乘「地下鐵烏丸線」電車→烏丸御池，轉乘「地下
　　　　　鐵東西線」電車→蹴上，再走約 10 分鐘。

的「櫻門」並稱為「京都三大門」。

南禪寺境內擁有廣大禪林，景色宜人，且建築格局仿照宋朝禪寺的布局，給人一種莊嚴肅穆、頗富禪機的心靈感受，因此被日本尊稱為「最高寺格」的禪寺。每年 4 月上旬的賞櫻期和 11 月中旬的賞楓期更是遊客爭相造訪的勝地。

銀閣寺

銀閣寺原名「東山慈照寺」，室町幕府時代由八代將軍足利義政所建，現為臨濟宗相國寺派的寺院。

銀閣寺的外觀並沒有貼上銀箔，而之所以又名銀閣寺，只是為了要和金閣寺媲美！銀閣寺的建築及庭園設計顯現出濃厚的桃山文化特色，雖然曾經遭受火災，但仍能保持創建時的優雅之姿。

境內的東求堂及銀閣均為日本國寶級古蹟。東求堂又名同仁齋，建於 1485 年，為書院式建築，過去是作為接待賓客的茶室。又名「銀閣」的觀音堂為方形樓閣建築，1489 年始建，至 1496 年才完工，頗值得參觀。

Data

銀閣寺
◎ 開放時間：3 ～ 11 月 8:30 ～ 17:00，12 ～ 2 月 9:00 ～ 16:30。
◎ 門票：全票（高中生以上）￥500、半票（國中、小）￥300。
◎ 交通：1. 車站前搭乘 100 號公車→銀閣寺前，再走約 5 分鐘。
　　　　2. 車站前搭乘 5、17 號公車→銀閣寺道，再走約 10 分鐘。

哲學之道

從銀閣寺到若王子神社之間，長約 2 公里的散步小徑

就是京都著名的「哲學の道」（哲學之道），這裡也是遊客造訪京都時的必遊之地。

這條步道沿著琵琶湖疏水而行，沿途空氣清新，散步其間，身心分外舒暢！春季時，步道兩旁開滿櫻花，成為賞櫻的絕佳景點。進入初夏，陽光和煦，溪水潺流，令人感到清爽涼快；尤其在晚上，林葉間螢光（螢火蟲）點點，充滿浪漫氣息。到了秋天，若于子神社的紅葉顯得格外豔紅，吸引遊客爭相至此欣賞！

日本的哲學家西田幾多郎相當喜歡這裡，曾在這裡留下了：「我是我，人是我，吾自行吾道。」這句名言，也特別稱這裡為「思索の小徑」（沉思小路）；但不知何時，這裡卻以「哲學之道」聞名。喜歡藉由散步沉思讓心情沉澱的讀者們，不妨去體驗看看！

洛北地區

4 號公車路線：京都車站前→四条河原町→下鴨神社前（下鴨神社）→上賀茂神社前（上賀茂神社）。

下鴨神社

下鴨神社又稱為「賀茂御祖神社」，祭祀的是玉依姬命、賀茂建角身命二位神衹，與上賀茂神社同被列為世界文化遺產。下鴨神社的本殿是由東本殿、西本殿及幣殿所構成，為日本的國寶級建築；境內大大小小的社殿，如：舞殿、神服殿、橋殿、細殿等共有五十多棟，每一棟都是三百年以上歷史的古蹟，值得參觀！

神社境內廣大的「糺之森」綠地，不但保存了從平安時代至今的原始森林面貌，也為人們提供一處休閒散步的好去處。每年 5 月 15 日與上賀茂神社共同舉辦的「葵祭」是京都三大祭之一。

Data

下鴨神社
◎ 開放時間：6:30 ～ 17:00。
◎ 門票：免費。
◎ 交通：京都車站前搭乘 4 號或社「北大路 BT」的 205 公車→下鴨神社前。

此外，夏季的重要活動「夏越神事」於8月7日晚上舉行，在御手洗池中插立五十支箭形的「齋串」，由五十位穿丁字帶的裸男跳入池中爭奪，奪得齋串者就能為自己帶來好運，因此吸引許多遊客前往觀賞。

上賀茂神社

上賀茂神社創建於698年，是京都地區最古老的神社之一。其主殿建築是在平安時代中期前才完成的，神社中最引人注目的是樓門建築和迴廊設計，因為這並非平安時代神社建築的特徵，所以推斷可能是由其他建築物移植而來的。

主殿中供奉的是「賀茂別雷神」，因此又名「賀茂別雷神社」，與下鴨神社合稱為「賀茂神社」。在日本人的信仰中，「賀茂別雷神」是負責掌管「五穀豐收」的神祇；所以，自古以來，上賀茂神社就是日本民眾的信仰中心，而且香火鼎盛。

每年5月15日，京都地區最重要的三大祭典之一「葵祭」，就是由上賀茂神社與下鴨神社共同舉辦。

Data

上賀茂神社
◎ 開放時間：4～10月8:00～17:00，11～3月8:30～17:00。
◎ 門票：免費。
◎ 交通：1. 京都車站前搭乘9號公車→上賀茂御蘭橋。
　　　　 2. 祇園或四条河原町搭乘46號公車→上賀茂神社前。

Info | 京都三大祭之三　葵祭

葵祭於每年5月15日舉行，由下鴨神社和上賀茂神社共同舉辦，是京都最重要的祭典活動之一，與八坂神社的「祇園祭」及平安神宮的「時代祭」並稱為「京都三大祭」。

根據研究，葵祭起源於飛鳥時代的欽明天皇567年，距今已有一千四百多年的歷史，可以說是日本皇室制度初創時就已經有的一項祭祀活動；而祭典的目的就是為了祈求五穀豐收。不過，隨著時代演進，祭典活動的內容也比以前更盛大。

完整的葵祭儀式分為宮中之儀、路頭之儀及社頭之儀三部分。現今我們所看到的祭典，已經把在宮廷之中舉行的宮中之儀省略，只進行路頭之儀和社頭之儀兩項活動。路頭之儀也就是葵祭的重頭戲「御所車巡行」，參加儀式者有五百多人、馬三十六匹、牛四頭、牛車兩輛及大型神輿一台，從京

都御苑出發，先到下鴨神社後，再行進到上賀茂神社，總路程約 8 公里。

遊行隊伍到了這兩座神社後，便繼續進行社頭之儀；也就是向神明上奏御祭文，奉納御幣物，以祈求神靈庇佑平安，並在神殿前大跳祭祀的舞蹈「東遊之舞」（あずまあそび）。整個祭典活動過程充滿了「王朝繪卷」（古王朝再現）般的歷史色彩，也吸引了大批遊客駐足欣賞。

金閣寺地區

205 公車路線：京都車站前→西ノ京円町（轉乘 91、93 公車→太秦映画村道）→金閣寺道（金閣寺）。

（提醒：205 公車有三條路線：往金閣寺、往北大路 BT、往九条車庫，搭車的站牌位置不同，要先看清楚！）

東映太秦映畫村

東映太秦映畫村是京都地區非常有名的主題樂園，也是日本「時代劇」（古裝劇）拍攝的主要片廠之一；因此，遊客在這裡參觀遊覽時，常常可以看到電影或電視連續劇的現場拍攝。

這座映畫村的設計，是以江戶時代的街景為主；遊客進入映畫村裡，就彷彿時光倒流，置身於濃厚江戶風味的歷史街道中。村裡的設施種類很多，有：時代劇扮裝館、日本橋、仲見世、宿場町、芝居小屋中村座等。此外，也有適合小朋友的遊樂設施、動感電影院等，非常好玩！

為了吸引更多的遊客，映畫村不但增設了許多更新、更刺激、更恐怖的設施，如：觸髏慘舞、奈落之棲人、古遺跡迷宮等，來考驗遊客的膽量之外，也增加了兩項動感電影院欣賞，深受遊客們的喜愛。

Data

東映太秦映畫村
◎ 營業時間：9:00 ～ 17:00，黃金周、暑假期間延長營業，詳細時間參閱網頁公告。
◎ 公休日：設施維修期間，詳細日期參閱網頁公告。
◎ 門票：全票￥2,200、學生票（國、高中）￥1,300、半票（4 歲以上）￥1,100。
◎ 交通：1. 京都車站前搭乘 75 號公車→太秦映画村道，再步行約 5 分鐘。
　　　　2. 京都車站搭乘「JR 嵯峨野線」電車→花園，再步行約 17 分鐘。
◎ 網址：www.toei-eigamura.com

金閣寺

　　金閣寺原名為「鹿苑寺」，是足利義滿於 1397 年辭去將軍職後所建，以作為他退隱後的居所。

　　金閣寺的建築方式為室町時代「北山文化」的風格，將建築與庭園之美融合為一，而成為舉世聞名的寺院。每年 11 月中旬的賞楓時期，金碧輝煌的金閣寺在鮮豔的紅葉襯托下，散發出更耀眼的光芒，也吸引大批遊客前往欣賞。

　　日本名作家三島由紀夫曾以金閣寺為背景，創作出著名的小說《金閣寺》一書。書中描述金閣寺散發出令人驚豔之美，竟美得讓寺裡的小和尚都嫉妒，因而放了一把火，打算和金閣寺同歸於盡......。

　　金閣寺雖然數度遭到祝融之虐，但一次又一次的修復，反而更增添金閣寺動人的英姿。每年的 7 月 2 日為「火燒紀念日」，免費開放供遊客參觀。

Data

金閣寺
◎ 開放時間：9:00 ～ 17:00。
◎ 門票：全票（高中生以上）￥400、半票（國中、小）￥300。
◎ 交通：1. 車站前搭乘 205 號公車→金閣寺道。下車後，順著
　　　　　 往「金閣寺」的指標走，約 5 分鐘路程。
　　　　2. 祇園或四条河原町搭乘 12 號公車→金閣寺前。

嵯峨嵐山（さがあらしやま，Sagaarashiyama）

如何前往：京都車站搭乘「JR 嵯峨野線」電車→嵯峨嵐
山（車資¥230，車程 16 分鐘）。

浪漫列車：嵯峨野觀光小火車。

寺院神社：野宮神社、御髮神社、常寂光寺、天龍寺。

自然體驗：竹林小徑、嵐山公園、渡月橋。

主題展覽館：美空雲雀紀念館。

嵯峨嵐山散步

嵯峨嵐山地區景色優美迷人，春天櫻花怒放，秋天滿山
楓紅，加上青山綠水，自古以來就是皇室貴族度假的勝地，
現在更成為京都著名的觀光旅遊景點！

此地寺院神社很多，市井街道呈現濃厚的懷舊氛圍，散
步其間，讓人感受一股寧靜恬淡之美，吸引許多遊客到此一
遊。想要體驗悠閒自得的散步旅行，可以參考下面的行程，
輕鬆自在地走一趟嵐山之旅：

JR 嵯峨嵐山車站→嵯峨野觀光小火車→竹林小徑→野
宮神社→途經天龍寺北門→トロッコ嵐山車站（休息片刻）
→御髮神社→常寂光寺→嵐山公園→渡月橋→美空雲雀紀念
館→天龍寺（正門）→ JR 嵯峨嵐山車站。

嵯峨野觀光小火車（トロッコ列車）

嵯峨野觀光小火車創始於 1991 年，是嵯峨野地區有名
的觀光列車。嵯峨野地區以原始的自然美景著稱，坐在觀光
小火車上欣賞沿途的原野風光，令人心曠神怡！

這條觀光列車路線，從「トロッコ嵯峨車站」起，到
「トロッコ亀岡車站」止，全長 7.3 公里，共有八座隧道，
其中最長的朝日隧道長 499.1 公尺，列車穿越其中需 25 分

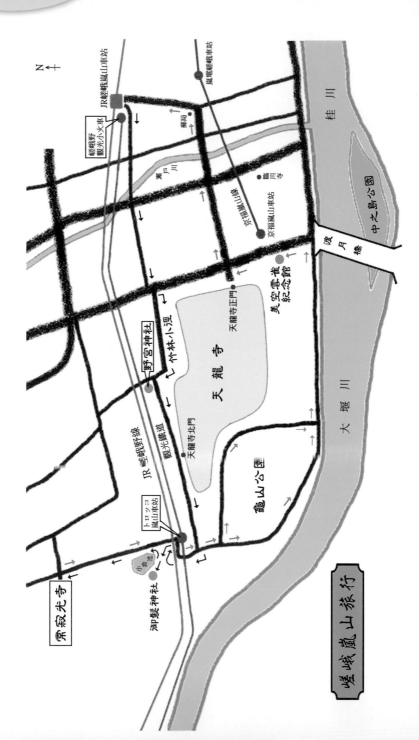

鐘。這條觀光路線沿著
保津川，建造在懸崖峭
壁上，工程非常艱鉅；
途中可以看到大岩壁的
殘跡與保津川泛舟的船
隻，景色相當迷人。

Data

嵯峨野觀光小火車（トロッコ列車）
◎ 營業時間：9:07 ～ 17:07。
◎ 公休日：周三（參閱網頁）、冬季期間（12 月 30 日～翌年 2 月底）。
◎ 單程車資：全票￥600、半票￥300。
◎ 交通：觀光小火車的「トロッコ嵯峨車站」就在 JR 嵯峨嵐山車站旁。
◎ 網址：www.sagano-kanko.co.jp

竹林小徑

竹林小徑是「嵯峨嵐山散步」景色最美的一段。任何時
候在這裡悠閒漫步，都能感受徐徐的微風中洋溢著竹林的香
氣，陽光從竹葉縫中灑落身上，眼前的景象讓人忘卻時光，
並與大自然融為一體，感覺相當舒適！

其中，最有名的一段是從野宮神社到大河內山莊長約
300 公尺的步道，不但景色最美麗迷人，也是遊客最喜愛的拍
照景點。由於大河內山莊這邊的坡度較高，從此處往回俯視，
微薄的日光伴隨摩娑的竹葉聲，頗具撫慰心靈的療癒效果。

野宮神社

野宮神社座落於嵯峨野竹林中，入口的黑木鳥居是用
帶皮的櫟木製作而成，也是日本最古老的鳥居樣式，神社四
周的小圍籬則是用烏樟木圍成，這種建築格局是平安時代典
型的寺院建築。

神社主殿祭祀的「野宮大黑天」是促進姻緣、保佑女
子平安生產的神祇，許多到竹林小徑散步的情侶都會來這裡
參拜，祈求和戀人的感情更濃厚，並能早日成為眷屬、早生
貴子。

Data

野宮神社
◎ 開放時間：9:00 ～ 17:00。
◎ 公休日：全年無休。
◎ 門票：免費。
◎ 交通：從竹林小徑入口散
　　　　步，約10分鐘路程。

社旁有一顆名為「龜石」的神石，據說只要一邊撫摸
神石，一邊誠心祈願，就能在一年之內達成心願，因此許多
遊客都會特別到此一摸。

御髮神社

御髮神社位於小倉池畔，是日本唯一與頭髮有關的神社，祭祀的神祇是藤原采女亮政之，祂是日本理髮、美容與染髮等相關行業的祖師爺。

藤原采女亮政之的父親藤原基春卿於鎌倉時期（1265）擔任龜山天皇的衛士，負責守護皇宮寶物的工作。後因寶物被竊，遂四處追尋寶物的下落。藤原采女亮政之為了生計，只好從事幫人梳髮結髻的工作。他死後，天皇追賜他為「從五位」的官職。

由於日語的「髮」與「神」同音，都讀作「かみ」（kami），且藤原家族與龜山天皇淵源最深，所以在龜山天皇皇陵附近的山腳下建造御髮神社，並以藤原采女亮政之作為奉祀的主神。社殿旁有一個髮塚，是信眾們獻髮祭祀後建造而成的。

Data

御髮神社
◎ 交通：御髮神社就在觀光小火車的嵐山車站附近。

常寂光寺

常寂光寺是日蓮宗統領寺院本國寺第十六代傳人日禎上人所建。日禎上人年幼時皈依本國寺，為第十五代傳人日栖上人的門下。由於學問出色，於18歲時即接掌本國寺，成為第十六代傳人。

1595年時，日禎上人因不願接受豐臣秀吉之邀任官，於是離開本國寺到深川中隱居。隔年，京都的富商角倉了以和角倉榮可捐贈位於嵯峨野小倉山的土地，日禎上人便在此開創常寂光寺，諸侯小早川秀秋也協助整建殿堂和佛塔等。

境內的本堂是把建於江戶初期的桃山城客殿移築而來，以茅草覆頂的仁王門則是移自本國寺客殿的南門，而位於山腰的多寶塔則是京都信眾樂捐建造而成。

每年8月16日的文字燒山與12月31日的除夕敲鐘是最重要的兩項祭典活動，都吸引許多遊客前來參觀。

Data

常寂光寺
◎ 開放時間：9:00～17:00。
◎ 公休日：全年無休。
◎ 門票：全票￥400、半票￥200。
◎ 交通：從觀光小火車的嵐山車站步行，約5分鐘路程。

嵐山公園

　　嵐山公園範圍廣闊，包含龜山地區、中之島，以及桂川邊的臨川寺地區三部分。桂川發源於丹波山，進入龜岡的保津橋後稱為保津川，流到嵐山地區後即成為大堰川。

　　龜山地區是指小倉山東南側的丘陵地，遍植赤松、櫻樹、楓樹和杜鵑，不但景色迷人，設施也相當齊全，有遊戲廣場、休息區、瞭望台等；從瞭望台俯瞰保津峽的自然美景，令人心曠神怡！

　　中之島則以松樹和櫻花聞名，尤其櫻花祭期間，賞櫻的遊客將中之島擠得水洩不通、熱鬧非凡！平時，也有不少釣客在這裡享受垂釣之樂。臨川寺地區位於渡月橋左岸，街道以老赤松為主，夾雜櫻樹與楓樹，形成特殊風情的散步道。

渡月橋

　　渡月橋橫跨大堰川，全長 154 公尺，是嵐山地區的象徵。渡月橋原名法輪寺橋，是平安年間（834 ～ 847）弘法大師的弟子們所建，主要是作為通往法輪寺的橋樑。過了四百四十年後，龜山上皇來到這裡，把這座橋比喻成「航向月宮的渡船」，從此這座橋就改名為「渡月橋」了。之後，渡月橋經歷了數次的祝融之虐與洪水之患而毀損。

　　現在的渡月橋是昭和 9 年（1934）時，依據過去的史料與照片重建而成。青山、綠水，加上渡月橋優美的身姿，使這裡成為熱門的旅遊勝地。

美空雲雀紀念館（京都嵐山　美空ひばり座）

　　顧名思義，美空雲雀紀念館是為了紀念已逝日本歌后美空雲雀（1937 ～ 1989）所建造，紀念館裡展示美空雲雀相關的物品及史料、演唱曾宣傳海報、CD、DVD，百頁設

施和 CD 製作系統等，藉此讓遊客瞭解她的演藝成就與一生。

　　館中也展示美空雲雀寫給家人、朋友的書信和筆記，讓人更瞭解美空雲雀平實的一面。對日本老一輩的歌迷而言，美空雲雀的一生就是「昭和時代」本身，許多老歌迷一邊參觀，一邊回憶起自己的人生而感慨落淚。

Data

美空雲雀紀念館（京都嵐山　美空ひばり座）
◎ 開館時間：3～5 月、10～11 月 9:30～17:30；6～9 月、12～2 月 9:30～16:30。
◎ 休館日：全年無休。
◎ 門票：全票￥1,400、學生票（國、高中生）￥500，小學生以下免費。
◎ 交通：美空雲雀紀念館就在渡月橋附近。

天龍寺（天竜寺）

　　天龍寺位於京都西部的嵐山地區，原本是後醍醐天皇的菩提寺；到了南北朝時期（1339），足利尊氏將園區擴建為池泉迴遊式庭園，並命夢窗國師為開山祖，現在則是臨濟宗天龍寺派的統領寺院。

　　室町時代（1392～1467）時，天龍寺是京都五大名寺之首，後因火災而燒燬。現在我們看到的天龍寺是明治時期所重建，寺院中供奉的「釋迦如來佛坐像」則出自於平安時代中期。

Data

天龍寺（天竜寺）
◎ 開放時間：8:30～17:30（10 月 21 日～翌年 3 月 20 日 17:00 閉門）。
◎ 門票：全票（高中生以上）￥500、半票（國中、小）￥300。
◎ 交通：從 JR 嵯峨嵐山車站步行，約 10 分鐘路程。

東福寺
（とうふくじ・Toufukuji）

如何前往：1. 京都車站搭乘「JR奈良線」電車→東福寺
　　　　　　　（車資￥140，車程2分鐘）。
　　　　　2. 京都車站前搭乘「南5」公車→東福寺道
　　　　　　　（車資￥220，提醒：若使用「京都市公
　　　　　　　車一日券」則不必另購車票）。

古剎名寺：東福寺。

東福寺

　　東福寺是京都五大名寺之一，建於鎌倉時代（1225），開山始祖是聖一國師。這座寺院原本是九条家族所建的菩提寺，現在則為臨濟宗東福寺派的統領寺院。東福寺的寺名，是取用奈良東大寺及興福寺各一個字組合而成。東福寺境地廣達20萬平方公尺，是京都地區最大的禪寺，也是秋季賞楓（11月中、下旬）的最佳名所。

　　因為鎌倉幕府深受中國宋朝文化的影響，所以，東福寺的建築格局也是模仿禪宗寺院的布局而設計。由於其歷史久遠，境內許多建築均為古蹟，如：禪堂、禪宗浴室、龍吟庵方丈等，其中「三門」及「東司」更是日本的國寶。

Data

東福寺
◎ 開放時間：9:00～16:00。
◎ 門票：免費，但參觀「方丈庭園」或「開山堂·通天橋」各需全票￥400、學生票￥300。
◎ 交通：從東福寺車站出口步行，約10分鐘路程。

稻荷（いなり，Inari）

如何前往：1. 京都車站搭乘「JR奈良線普通」電車→稻荷（車資¥140，車程5分鐘）。
2. 京都車站前搭乘「南5」公車→稻荷大社前（車資¥220，提醒：若使用「京都市公車一日券」則不必另購車票）。

古剎名寺：伏見稻荷大社。

Data

伏見稻荷大社
◎ 開放時間：7:00～18:00。
◎ 公休日：全年無休。
◎ 門票：免費。

伏見稻荷大社

伏見稻荷大社建於室町時代（1499），是日本稻荷神社的總神社，也是京都地區最古老的神社。由於神社內供奉的是掌管「商賣繁盛」的神祇，而且相當靈驗；所以時常有生意人到此膜拜祈福。

伏見稻荷大社最大的特色是以「鳥居」多而聞名，境內大大小小的鳥居至少有上千座；這些鳥居有些是石造的，也有些是木造的，大部分都是信徒所捐贈。在通往稻荷山的入口處，有一條「鳥居隧道」；遊客必須從上百座鳥居底下穿過之後，才能進入稻荷山，也形成這裡的一項奇觀。

另一項特色則是「狐的石像」特別多。由於日本人深信狐是稻荷神的使者，所以日本的稻荷神社境內都會供奉「狐」的石像，以作為人與神之間溝通的橋樑。

每年7月19～20日舉行的「本宮祭」，是伏見稻荷大社重要的祭典活動之一。祭典期間，在神社境內廣場上掛滿各式各樣的彩繪燈籠，有東洋風味的，也有西洋風格的，總計約四百五十個之多，非常美麗壯觀！而且，在這兩天的晚上7:00起，穿著傳統服飾的舞者在廣場前大跳祭祀舞蹈「本宮舞」，吸引眾多遊客欣賞。

宇治（うじ・Uji）

如何前往：京都車站搭乘「JR 奈良線快速」電車→宇治
　　　　　（車資¥230，車程 18 分鐘）。

自然體驗：宇治橋、宇治川公園。

古剎名寺：平等院鳳凰堂、興聖寺。

主題博物館：源氏物語博物館。

源氏物語風情

　　《源氏物語》是日本著名的長篇古典文學，作者是平安時代的女作家紫式部，故事發展的歷史舞台就在宇治；宇治川畔也因此留下不少歷史遺跡，供後人想像與憑弔。

　　日本茶樹的栽植始於平安時代的宇治地區，宇治茶也早已成為日本茶的代表，宇治市內至今仍有許多知名的茶行，提供遊客購買茶葉及品茗的樂趣；所以，到宇治旅遊，不但能感受日本古典文學氣息，也能親身體驗日本傳統茶道，值得一遊！想要細細領略宇治之美，可以參考下列的一日遊行程，來一趟豐富的深入旅行：

　　JR 宇治車站（出口往左走）→宇治橋、夢浮橋古蹟碑→平等院表參道→平等院鳳凰堂→対鳳庵茶室（茶道體驗）→宿木古蹟碑→塔之島（十三重石塔）→橘島（宇治川先陣之碑）→朝霧橋→宇治十帖紀念碑（宇治十帖モニュメント）→興聖寺→早蕨古蹟碑→宇治上神社→与謝野晶子歌碑→總角古蹟碑→源氏物語博物館→ JR 宇治車站。

宇治橋

　　相傳，最早的宇治橋建於飛鳥時代（646），是由元興寺的道登僧人架設而成；現在的宇治橋則是建於 1996 年 3 月。

　　橋面兩側護欄採用堅硬的欅木建造，上面再冠上青銅製的寶冠，使整座橋在古樸典

Data

宇治橋
◎ 文通：從宇治車站出口往左走，約 10 分鐘就可以到達「宇治橋」。

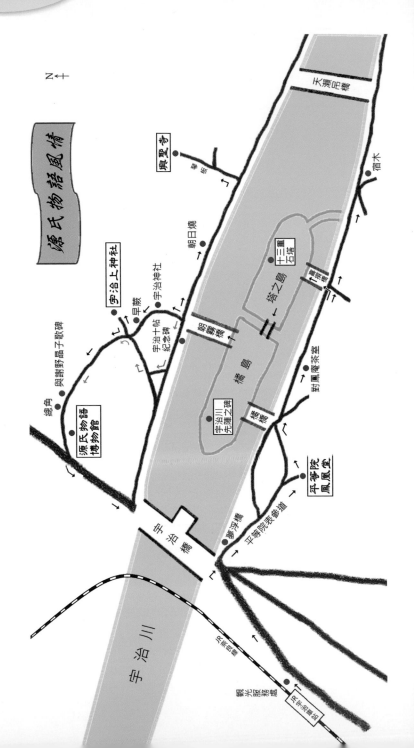

雅中展現出高貴的氣質。宇治橋的上流側設有所謂的「三之間」突出台，據說這是豐臣秀吉所設，目的是為了方便汲取川水作為泡茶水之用。

宇治川公園

宇治川公園就在宇治橋右側，園內古蹟頗多，風景秀麗，是一處充滿濃厚原始風味的河川公園。宇治川中有塔之島和橘島兩座小島，位於塔之島上的十三重石塔，高 13 公尺，是日本國內最高的石塔建築。

由於宇治川貫穿公園之中，所以橋樑多也成為園裡的一大特色，也因此更增添宇治川公園獨特的景觀；主要的橋樑有：橘橋、朝霧橋、喜撰橋、天ヶ瀬吊橋、白虹橋等。此外，宇治川公園的另一項特色是寺院多，如：平等院、宇治神社、惠心院、興聖寺等，都是園內著名的寺院。

Info

關西茗茶　宇治茶

日本的茶是由中國傳入的。相傳，榮西禪師到宋朝學得禪理後，回到日本傳揚禪宗時，將茶帶入日本。經過明惠上人考察各地土質、氣候等自然條件後，開始在宇治地區栽植培育茶樹。到了室町幕府時代，足利義滿將軍指定「宇治七茗園」，更奠定宇治茶的根基與地位。當時只有貴族才有資格飲茶，一般平民是喝不起茶的，就連茶師（泡茶的師傅）都有個「茶頭取」的頭銜，且當時在宇治地區只有「上林掃部」（其子孫現經營「お茶のかんばやし」茶行）和「森彥右衛門」兩位合格的茶師。

到了豐臣秀吉時代，茶道才開始在民間流傳。之後的德川幕府時期，由於政治中心東移至江戶（東京近郊），也促使茶道在日本全國的普及化。尤其到了三代將軍德川加光時，每年由茶師率隊運送到江戶給貴族們飲用的茶葉隊伍浩浩蕩蕩，宛如遊行般，相當壯觀，也使當時的古驛道又有「茶壺道中」的美稱。

依據栽植的方式、摘取的季節及製作的過程之不同，日本茶可分為：抹茶、玉露、煎茶、川柳及烘焙茶（ほうじ茶）。抹茶口味較為濃郁，一般作為茶道待客之用；玉露是明治初期上林家族第十一代茶師上林春松研發出來的；煎茶則是日本人生活中最普遍的飲用茶；至於川柳，是屬於較次級的煎茶；而烘焙茶則是川柳再經過烘焙製作而成的。

明治維新之後，雖然茶道一度沒落，但品茗早已成為日本人生活的一部分。近年來，又研究出喝茶具有防癌、美容、抗老化等功效，更使飲茶成為日本人生活中不可或缺的一環。

平等院鳳凰堂

到平等院鳳凰堂參觀時，把 10 日圓硬幣拿出來比對，將會發現硬幣上面的圖案就是位於宇治川畔的「平等院鳳凰堂」。這座寺院建於平安時代，當時掌握政治實權的藤原道長在晚年時身染重病，便蓋了法成寺作為出家的寺院，每天誦經念佛，期望往生後能到達西方極樂世界。

之後，其子藤原賴通擴建法成寺，於 1053 年竣工，使法成寺呈現出更莊嚴肅穆的風貌，並易名為「平等院鳳凰堂」。堂內供奉的「阿彌陀如來像」是出自於日本佛像雕刻大師定朝佛師之手，以日本獨特的「寄木造」方式完成。

日本政府為了紀念這座代表西方極樂淨土的國寶級寺院，便以它作為 10 日圓硬幣的圖案。讀者們如果有機會到宇治，不妨去看看喔！

（提醒：鳳凰堂於 2012 年 9 月 3 日～ 2014 年 3 月 31 日進行整修工程。）

Data

平等院鳳凰堂
◎ 開放時間：8:30 ～ 17:30。
◎ 門票：全票￥300、學生票￥200、半票￥150。
◎ 交通：順著宇治橋邊的「平等院通り」往前直走，很快就到了。

興聖寺

興聖寺的開山祖為道元禪師，寺院境地廣大，是屬於曹洞宗派的寺院。道元禪師曾赴中國宋朝研習禪理，學成歸國後，奠定了曹洞宗派在日本的基礎。道元禪師對哲學、禪理和佛教都有很深入透澈的研究，並留有許多著作傳世，被尊稱為日本最偉大的哲學家與佛教家。

江戶時代初期（1648），淀藩城主永井尚正重新整建興聖寺，作為其父親的菩提寺。龍宮城的樓門及白色的牌樓，使興聖寺充滿濃厚的中國風格和莊嚴肅穆的禪宗氣息。寺院的本堂、開山堂據傳為伏見城的遺跡，寺院前的參道「琴坂」是秋季賞楓的名所，景色極佳，被譽為宇治十二景之一。

Data

興聖寺
◎ 開放時間：9:00 ～ 16:00。
◎ 門票：免費。
◎ 交通：從宇治川的橘島過「朝霧橋」後往右走，很快就到了。

源氏物語博物館（源氏物語ミュージアム）

　　源氏物語博物館於 1998 年 11 月開幕，是一座以展出日本古典文學名著《源氏物語》故事內容為主的博物館。

　　《源氏物語》的筆者為平安時代女作家紫式部，這部書的內容是以平安時代為背景的宮廷故事，全書分為五十四章，其中的最後十章是以宇治作為故事發展舞台，所以又有「宇治十帖」之稱。

　　在源氏物語博物館中所展出的資料，都是根據故事中的敘述，做出符合史實的模型或器皿，如：按照百分之一比例所製作的光源氏「六条院宅邸」模型、當時貴族所使用的「牛車」交通工具、女性的穿著裝束與配件，以及日常生活用品等，使平安時代的優雅世界再度呈現。雖然博物館中展示的並非歷史真跡，不過，藉由栩栩如生的展覽，也使遊客對平安時期的歷史有更進一步的認識與瞭解。

Data

源氏物語博物館
◎ 開館時間：9:00 ～ 17:00。
◎ 休館日：周一、新年期間（12 月 28 日～翌年 1 月 3 日）。
◎ 門票：全票￥500、半票￥250。
◎ 交通：從宇治車站出口往左走，過「宇治橋」後繼續前進就到了，約 15 分鐘路程。
◎ 網址：www.uji-genji.jp

奈良（なら，Nara）

如何前往：1. 京都車站搭乘「JR奈良線みやこ路快速」
電車→奈良（車資￥690，車程44分鐘）。
2. 大阪車站（或新今宮、天王寺）搭乘「JR
大和路快速」電車→奈良（車資￥780，
車程50分鐘）。

逛街購物：三条通商店街。

景色欣賞：猿沢池、奈良公園、浮見堂。

古刹名寺：興福寺、東大寺、春日大社。

主題博物館：奈良國立博物館。

奈良古都散步

　　711～794年間的奈良時代，日本的國都「平城京」
就在奈良地區；至今，奈良境內仍留有許多著名的古刹名寺
和史跡，頗值得一遊！每年的紅葉期間，奈良公園滿園楓
紅，景之美堪稱一絕！到奈良旅遊時，可以參考下面的行
程，用散步的方式，從奈良車站慢慢走到春日大社，沿途欣
賞奈良的自然與寺院之美；最後再走回車站（或搭乘市內循
環巴士），充分體驗奈良的風土人情：

　　JR奈良車站→奈良市綜合觀光服務處→三条通商店街
→猿沢池→興福寺→奈良國立博物館→奈良公園→東大寺
→浮見堂→春日大社→JR奈良車站。

奈良市綜合觀光服務處

　　奈良市綜合觀光服務處原本是JR奈良車站，因新的車
站大樓落成啟用，才將這裡改成觀光服務處，提供遊客觀光
諮詢的服務。

　　裡面的資料很多，除了展示奈良的歷史文物、傳統工
藝品之外，也可以蓋紀念戳章，並陳列奈良觀光地圖、各寺
院景點相關資料、鐵路與公車交通資訊、商家及餐飲店資

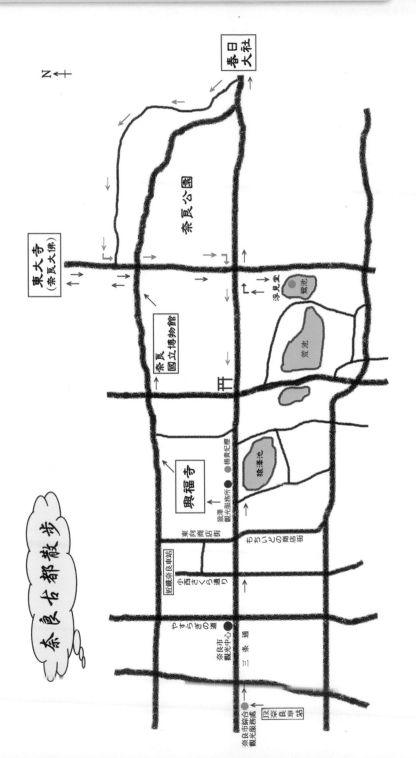

Data

奈良市綜合觀光服務處
◎ 服務時間：9:00 ～ 21:00。
◎ 公休日：全年無休。
◎ 交通：JR 奈良車站中央口左側。

料、奈良住宿資訊等，供遊客免費索取；想要好好地暢遊奈良，建議先去看看資料吧！

三条條通商店街（三條通商店街）

三条通商店街是奈良車站附近最熱鬧的商街，沿途除了各式各樣的商店之外，也有不少日本傳統風味的飲食店，遊客可以在此品嘗道地的傳統日式料理。

此外，這條商店街也是通往興福寺、奈良公園、東大寺、春日大社等的主要散步道，漫步在商店街上，不但能享受逛街購物的樂趣，也能親身體驗奈良的風土民情。

猿沢池（猿澤池）

猿沢池位於三条通底，池的四周種滿楊柳，是一處充滿詩情畫意的池塘。每當黃昏時刻，對對情侶在池邊情話綿綿，伴隨輕柔搖擺的垂柳，構成一幅浪漫甜蜜的風情畫。

夜晚時分，皎潔的明月倒映水中，更增添無限詩意，所謂「猿池映月」正是最佳寫照，也是奈良著名的八景之一。每年中秋前後（8 月 6 ～ 15 日）晚上舉行的「奈良燈花會」期間，猿沢池四周、興福寺境內及奈良公園的步道兩旁插滿點燃的蠟燭，樹枝上也掛滿燈籠，使奈良的仲夏之夜充滿了浪漫的氣氛；散步其間，感覺相當棒！

Data

猿沢池（猿澤池）
◎ 交通：從 JR 奈良車站出口向前走，過紅綠燈後順著「三条通」前進，約 15 分鐘路程。

在猿沢池旁的斜坡路上有一株「楊貴妃櫻」，標示牌上記載著「楊貴妃櫻」的由來，至於是否與中國唐朝的楊貴妃有關，就請親自去瞧瞧了！

興福寺

興福寺是南都七大寺之一，也是世界重要的文化遺產。興福寺原名為厩坂寺，本是「藤原氏族」的守護寺院；710 年時，隨著皇室遷都平城京，才將這座寺院從飛鳥地區遷移至此，並改名為興福寺。過去曾擁有僧兵數萬，有強大的政治影響力；後來，因為幾次的大火肆虐，使興福寺的勢力日漸衰微，終至一蹶不振。

Data

興福寺
◎ 開放時間：9:00 ～ 17:00。
◎ 門票：免費；但參觀「國寶館」全票￥600、學生票￥500、半票￥200；
　　　　參觀「東金堂」全票￥300、學生票￥200、半票￥100。
◎ 交通：興福寺就在猿沢也左邊。

寺旁的五重塔建於室町時代（1426），不但是奈良地區重要的史跡，也是代表奈良的標誌象徵。境內的南円堂是一座八角形古寺，朱紅的樑柱、雪白的屋壁，加上屋簷下隨風搖擺的風鈴，顯得古色古香。這座南円堂也是日本規模最大的円堂建築物，時常有信徒到這裡參拜。

奈良國立博物館

奈良國立博物館本館建於 1894 年，是日本唯一以收藏佛教美術品為主的博物館，而新館則建於 1973 年。

館內的收藏品大多是奈良時代流傳下來的藝術珍品，共有一千兩百多件。本館的展示以「日本歷史文物變遷的型態和資料紀錄」為主，而新館則以「收藏佛教雕刻作品」為主，其中有許多是奈良時代的文藝精華，價值連城；如：「藥師如來坐像」、「地獄草紙」等，都是國寶級古物。

Data

奈良國立博物館
◎ 開館時間：9:30 ～ 17:00，4 月末～ 11 月中 9:30 ～ 19:00。
◎ 休館日：周一、新年期間（12 月 26 日～翌年 1 月 3 日）。
◎ 門票：全票￥420、學生票（高中、大學生）￥130，國中以下免費。
◎ 交通：1. 從興福寺「國寶館」旁順著往「國立博物館」的路標走，約 6 分鐘路程。
　　　　2. JR 奈良車站前搭乘市內循環 2 號巴士→國立博物館，車程約 5 分鐘。

奈良公園

奈良公園面積廣達 660 公頃,從猿沢池向前直走,就進入奈良公園;換言之,奈良國立博物館、東大寺、浮見堂、春日大社均處於奈良公園境內。園裡林木茂密,隨處都可以看到鹿群出沒,估計大約有一千兩百多頭;因此,奈良公園又有「鹿公園」的美稱。

這些鹿群平常都很溫馴,也不怕生,更喜歡和遊客一起拍照。有些遊客會購買「鹿仙貝」餵鹿,也有些鹿會跑到馬路上散步,或是向遊客乞食,非常可愛有趣!不過,園方特別豎立告示牌,說明鹿群在發情時期脾氣暴躁,可能會攻擊人,千萬不要接近牠們,以免遭到襲擊。

東大寺・奈良大佛

東大寺建於奈良時代,是聖武天皇發願所建造的,也是日本國分寺的總寺院。東大寺在平安時代(1180)及戰國時期(1567)曾經兩度受戰火波及,使大部分的建築付之一炬;今天我們看到的東大寺是江戶時期(1708)所修建完成,規模雖只有初建時的五分之二,但仍是世界上最大的木造建築物。

鎮坐在「大佛殿」中的「奈良大佛」(盧舍那佛坐像)是世界上最大的金銅佛像。佛像本身加上座台,總高度為 18.03 公尺,至今已有一千兩百年的歷史,是一尊國寶級的佛像。每年 8 月 15 日舉行的「萬燈供養會」是盂蘭盆節最重要的活動,從中門到奈良大佛坐像前掛滿供養大佛與諸靈的燈籠,以祈求神明庇佑平安,當天晚上開放遊客進入寺院內參拜。

殿內有一根直徑 120 公分的木頭支柱,剛好位於好風水的位置,院方特別在底部挖了一個高 37 公分、寬 30 公分的長方形洞窟。據說如果能從洞窟中穿過,可消災除厄、化解惡運,有機會不妨去試試看!

Data

東大寺・奈良大佛
◎ 開放時間:11〜3 月 8:00〜17:00,4〜10 月 7:30〜17:30。
◎ 門票:全票(國中以上)¥500、半票(小學生)¥300。
◎ 交通:1. 從奈良國立博物館順著指標走,就可以到達東大寺。
　　　　2. JR 奈良車站前搭乘市內循環 2 號巴士→大佛殿春日大社前,再步行約 5 分鐘。

浮見堂

　　浮見堂位於奈良公園的鷺池上，是一座
用檜木皮鋪頂建造而成的六角形涼亭。原本
的浮見堂由於支柱出現腐朽現象，遂於平成
3 ～ 6 年（1991 ～ 1994）進行修復工程。
整建後的浮見堂在水面波光倒映中呈現出純
樸古典之美，也是遊客散步之餘休憩靜思的
好地方。

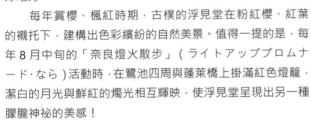

　　每年賞櫻、楓紅時期，古樸的浮見堂在粉紅櫻、紅葉
的襯托下，建構出色彩繽紛的自然美景。值得一提的是，每
年 8 月中旬的「奈良燈火散步」（ライトアッププロムナ
ード·なら）活動時，在鷺池四周與蓬萊橋上掛滿紅色燈籠，
潔白的月光與鮮紅的燭光相互輝映，使浮見堂呈現出另一種
朦朧神祕的美感！

春日大社

　　春日大社位於春日山（又名御蓋山），自古以來，這
座靈山就被視為聖地，至今仍保有大片的原始林。春日大社
建於 710 年平城遷都時，是日本最古老、最著名的神道神
社之一，興建目的是為了祈求神靈庇護新都、國泰民安，現
在則是日本重要的文化財產。

　　在這座朱紅的神社境內，處處可以見到燈籠；兩千座
的石燈籠廣場與一千盞的燈籠迴廊，更增添春日大社獨特的
建築風格。每年 8 月 14 ～ 15 日的「中元萬燈籠」法會時，
三千盞燈籠在夜色中綻放出柔和的光芒，將春日大社點綴得
美輪美奐，成為充滿夢幻的境地，蔚為奇觀！

Data

春日大社
◎開放時間：4 ～ 9 月 6:00 ～ 18:00，10 ～ 3 月 6:30 ～ 17:00。
◎門票：全票 ¥500。
◎交通：1.從東大寺入口走到「春日大社表參道」公車站牌，約 3 分鐘路程。
　　　　2.JR 奈良車站前搭乘市循環巴士→春日大社表參道，車程約 8
　　　　　分鐘。下車後，再步行約 5 分鐘。
　　　　3.JR 奈良車站前搭乘往「春日大社本殿」的 70、97 號公車，在終
　　　　　點站下車即達。

西ノ京
（にしのきょう Nishinokyo）

如何前往：1. 近鐵奈良車站（與三条通平行的左邊馬路上）搭乘「近鐵奈良線急行」電車→大和西大寺，轉乘「近鐵橿原線」電車→西ノ京（車資￥250，車程14分鐘）。

2. JR奈良車站左前方對面（三条通紅綠燈左邊）搭乘往「六条山」的70號公車→藥師寺，車程約18分鐘。（提醒：從後門上車時要記得拿「整理券」，從前門下車時再投車資。）

古剎名寺：藥師寺、唐招提寺。

藥師寺

藥師寺也是南都七大寺之一，原為飛鳥時代天武天皇（680）為祈求皇后病體早日康復而發願建造的，一直到了其孫文武天皇在位時才完成。到了710年，天明天皇遷都平城京時，也將這座寺院從藤原京遷移至此。

Data

藥師寺
◎ 開放時間：8:30～17:00。
◎ 門票：全票￥500、學生票￥400、半票￥200。

　　藥師寺華麗的建築外觀宛如一座龍宮城，其中的東塔從創建之初保存到現在，是日本重要的國寶級古蹟，寺內供奉的藥師三尊像也頗有歷史價值。此外，境內的金堂、西塔、中門、迴廊及大講堂等，也都頗具特色。

唐招提寺

　　唐招提寺的開山祖是唐朝的高僧鑑真大師，他為了傳揚佛教戒律，五度遠赴東瀛，但卻不被日本佛教界接受；直到第六次再赴東瀛，才得以在這裡建立寺院，前後耗費了十二年之久。這位意志堅定的高僧在 76 歲高齡時於寺內圓寂。

　　境內的金堂、鼓樓、經藏和寶藏，都是國寶級古蹟。金堂位於南大門前，是日本現存天平時代最大的建築物，厚實的屋簷與粗大的圓柱更增添其強而有力的氣勢，故有「天平之甍」（天平之屋脊）的美稱。此外，在「新寶藏」中展出寺方珍藏的佛像、繪畫作品、工藝品等寺寶，共有兩千多件，頗有參觀價值！

 Data

　唐招提寺
　◎ 開放時間：8:30～17:00。
　◎ 門票：全票￥600、學生票￥400、半票￥200。
　◎ 交通：1. 從藥師寺步行到唐招提寺，約 10 分鐘路程。
　　　　　 2. JR 奈良車站左前方對面（三条通紅綠燈左邊）搭乘往「六条山」
　　　　　　 的 70 號公車→唐招提寺

特別收錄一
櫻花祭與紅葉

　　日本人特別喜愛櫻花與紅葉，每逢櫻花盛開與楓紅時期都會舉行「櫻花祭」與「欣賞紅葉」的活動；尤其「櫻花祭」期間，親朋好友同坐在櫻花樹下飲酒、賞櫻，形成特殊的日本文化。讀者們如果剛好在這段期間赴日旅行，不妨也安排一天賞櫻、賞楓的行程，體驗日式的浪漫風情。雖然這兩項活動主要是在春季與秋季舉行；不過，賞櫻期與紅葉期有時會因天候變化而有所調整。

大阪賞櫻名所

毛馬櫻之宮公園

❀ 賞櫻期：3 月下旬 ~ 4 月上旬。
❀ 開放時間：沒有限制。
❀ 櫻花棵數：4,800 棵。
❀ 門票：免費。
❀ 交通：大阪車站搭乘「JR 大阪環狀線」電車→京橋，轉乘「JR 東西線」電車→大阪城北詰（車資￥160，車程 14 分鐘），從 3 號出口出來就到了。

萬博紀念公園

❀ 賞櫻期：3 月下旬 ~ 4 月上旬（夜間賞櫻 3 月 30 日 ~ 4 月 14 日）。
❀ 開放時間：9:30 ~ 17:00（夜間 17:00 ~ 21:00）。
❀ 櫻花棵數：5,500 棵。
❀ 門票：全票￥250、半票（國中、小）￥70。
❀ 交通：地鐵梅田車站搭乘「地鐵御堂筋線、北大阪急行線」電車→千里中央（車資￥350，車程 19 分鐘），轉乘「大阪モノレール」電車→万博記念公園（車資￥240，車程 6 分鐘）。

攝津峽公園

❀ 賞櫻期：3 月下旬 ~ 4 月上旬（夜間賞櫻 3 月 30 日 ~ 4 月 14 日周五至周日）。
❀ 開放時間：沒有限制（夜間 18:00 ~ 21:00）。
❀ 櫻花棵數：3,000 棵。

❋ 門票：免費。
❋ 交通：大阪車站搭乘「JR京都線新快速」電車→高槻（車資￥250，車程16分鐘）。車站北口2號公車站牌搭乘往「塚脇」的公車→塚脇（車資￥210，車程約20分鐘），再走約10分鐘。

道明寺天滿宮

❋ 賞櫻期：3月下旬～4月上旬。
❋ 開放時間：9:00～17:00。
❋ 櫻花棵數：200棵。
❋ 門票：免費。
❋ 交通：1. 天王寺車站搭乘「JR大和路線普通」電車→柏原（車資￥210，車程24分鐘），轉乘「近鐵道明寺線」電車→道明寺（車資￥150，車程4分鐘），再走約5分鐘。
　　　　2. 近鐵大阪阿部野橋車站（JR天王寺車站後面）搭乘「近鐵南大阪線」電車→道明寺（車資￥340，車程24分鐘），再走約5分鐘。

枚岡公園

❋ 賞櫻期：3月下旬～4月上旬。
❋ 開放時間：沒有限制。
❋ 櫻花棵數：500棵。
❋ 門票：免費。
❋ 交通：1. 大阪車站搭乘「JR大阪環狀線」電車→鶴橋（車資￥170，車程15分鐘），轉乘「近鐵奈良線」電車→枚岡（車資￥290，車程20分鐘），再走約6分鐘。
　　　　2. 近鐵大阪難波車站（與地下鐵難波車站互通）搭乘「近鐵奈良線」電車→枚岡（車資￥340，車程26分鐘），再走約6分鐘。

大阪城公園

❋ 賞櫻期：4月上旬。
❋ 開放時間：沒有限制。
❋ 櫻花棵數：3,000棵。
❋ 門票：免費。
❋ 交通：大阪市站搭乘「JR大阪環狀線」電車→森ノ宮（車資￥160，車程11分鐘）。

大阪城西之丸庭園

✻ 賞櫻期：4 月 5 日～ 4 月 11 日。
✻ 開放時間：9:00 ～ 20:00。
✻ 櫻花棵數：300 棵。
✻ 門票：￥350。
✻ 交通：1. 地鐵梅田車站搭乘「地鐵御堂筋線」電車→本町，轉乘「地鐵中央線」電車→谷町四丁目 (車資￥230，車程 10 分鐘)。
        2. 大阪車站搭乘「JR 大阪環狀線」電車→京橋，轉乘「JR 東西線」電車→大阪城北詰 (車資￥160，車程 14 分鐘)。

大阪造幣局

✻ 賞櫻期：4 月中旬 (4 月 17 日～ 4 月 23 日)。
✻ 開放時間：10:00 ～ 21:00，周六、周日 9:00 ～ 21:00。
✻ 櫻花棵數：350 棵。
✻ 門票：免費。
✻ 交通：大阪車站搭乘「JR 大阪環狀線」電車→京橋，轉乘「JR 東西線」電車→大阪天滿宮 (車資￥170，車程 15 分鐘)。從 2 號出口向前直走，約 10 分鐘路程，就在櫻宮橋前面。

神戶賞櫻名所

明石公園

✻ 賞櫻期：3 月下旬～ 4 月上旬。
✻ 開放時間：7:30 ～ 21:00。
✻ 櫻花棵數：1,000 棵。
✻ 門票：免費。
✻ 交通：大阪車站搭乘「JR 神戶線新快速」電車→明石 (車資￥890，車程 37 分鐘)，再步行約 5 分鐘。
        ※ 提醒：來回車資￥1,780，若當日還有其他行程，可考慮購買「日本關西鐵路周遊券一日券」￥2,000。

日岡山公園

✻ 賞櫻期：3 月下旬～ 4 月上旬 (夜間賞櫻 3 月 16 日～ 4 月 6 日)。
✻ 開放時間：沒有限制 (夜間 18:00 ～ 22:00)。
✻ 櫻花棵數：1,500 棵。
✻ 門票：免費。
✻ 交通：1. 大阪車站搭乘「JR 神戶線新快速」電車→加古川，轉乘

「JR 加古川線」電車→日岡（車資￥1,280，車程 66 分鐘），再步行約 10 分鐘。

※ 提醒：大阪～日岡來回車資￥2,560，建議購買「日本關西鐵路周遊券一日券」￥2,000。

2. 三ノ宮車站搭乘「JR 神戶線新快速」電車→加古川，轉乘「JR 加古川線」電車→日岡（車資￥740，車程 43 分鐘），再步行約 10 分鐘。

夙川河川敷綠地

✳ 賞櫻期：3 月下旬～4 月上旬。

✳ 開放時間：沒有限制。

✳ 櫻花棵數：1,700 棵。

✳ 門票：免費。

✳ 交通：大阪車站搭乘「JR 神戶線」電車→さくら夙川（車資￥290，車程 18 分鐘）。

善福寺、清水公園

✳ 賞櫻期：4 月上旬～中旬。

✳ 開放時間：9:00 ～ 22:00。

✳ 櫻花棵數：500 棵。

✳ 門票：免費。

✳ 交通：大阪車站搭乘「JR 神戶線新快速」電車→三ノ宮（車資￥390，車程 20 分鐘）。從中央口出來，進入前方地下道，走到神戶地鐵三宮站搭乘「神戶地鐵山手線」電車→谷上，轉乘「神戶電鐵有馬線」電車→有馬口（換車）→有馬溫泉（車資￥900，車程 30 分鐘），再步行 5 分鐘。

※ 提醒：若當日還有神戶市區行程，可考慮購買神戶街遊券「北神・神鐵擴大版」。即：大阪→三ノ宮（車資￥390）→谷上（車資￥520），購買神戶街遊券「北神・神鐵擴大版」（￥1,900），以此票暢遊有馬溫泉及神戶市區。回程：三ノ宮搭乘「JR 神戶線新快速」電車→大阪（車資￥390）。

姬路城

✳ 賞櫻期：4 月上旬 中旬。

✳ 開放時間：9:00 ～ 16:00。

✳ 櫻花棵數：1,000 棵。

✳ 門票：全票￥400、半票￥100。

✳ 交通：大阪車站搭乘「JR 神戶線新快速」電車→姬路（車資
　　　　￥1,450，車程 57 分鐘）。往車站北口正前方（大手前通）
　　　　直走，約 15 分鐘路程；或是在車站北口 1 號站牌搭乘往姬
　　　　路城的巴士→姬路城，大手門前，車程約 5 分鐘。

　　　　※ 提醒：大阪～姬路來回車資￥2,900，建議購買「日本關
　　　　　西鐵路周遊券一日券」￥2,000。

京都賞櫻名所

嵐山渡月橋

✳ 賞櫻期：3 月中旬～ 4 月上旬（夜間賞櫻 3 月下旬～ 4 月上旬）。

✳ 開放時間：沒有限制（夜間 18:00 ～ 22:00）。

✳ 櫻花棵數：1,500 棵。

✳ 門票：免費。

✳ 交通：京都車站搭乘「JR 嵯峨野線」電車→嵯峨嵐山（車資￥230，
　　　　車程 16 分鐘），再步行約 15 分鐘。詳細路線請參閱「京
　　　　都奈良」之「嵯峨嵐山散步」。

清水寺

✳ 賞櫻期：3 月下旬～ 4 月上旬（夜間賞櫻 3 月 22 日～ 4 月 7 日）。

✳ 開放時間：6:00 ～ 18:00（夜間 18:30 ～ 21:30）。

✳ 櫻花棵數：1,000 棵。

✳ 門票：全票￥300、半票￥200（夜間全票￥100、半票￥200）。

✳ 交通：京都車站前搭乘 206 公車→五条板。下車後，往清水寺的
　　　　方向走，約 15 分鐘路程。

哲學之道

✳ 賞櫻期：3 月下旬～ 4 月上旬。

✳ 開放時間：沒有限制。

✳ 櫻花棵數：430 棵。

✳ 門票：免費。

✳ 交通：京都車站前搭乘 5、17 號公車→銀閣寺道。

圓山公園（円山公園）

✳ 賞櫻期：3 月下旬～ 4 月中旬（夜間賞櫻 3 月 8 日～ 4 月 14 日）。

✳ 開放時間：沒有限制（夜間 18:00 ～凌晨 1:00）。

❋ 櫻花棵數：680 棵。

❋ 門票：免費。

❋ 交通：京都車站前搭乘 206 公車→祇園。公車站牌對面就是八坂
　　　　神社，圓山公園就在八坂神社後面。

京都御苑

❋ 賞櫻期：3 月下旬～ 4 月中旬。

❋ 開放時間：沒有限制。

❋ 櫻花棵數：1,000 棵。

❋ 門票：免費。

❋ 交通：1. 京都車站前搭乘 9 號公車→堀川今出川，轉乘 59、102、
　　　　　　 201、203 公車→烏丸今出川。

　　　　2. 京都車站搭乘「地鐵烏丸線」電車→今出川 (車資￥250，
　　　　　　 車程 10 分鐘)，從 3 號出口出來。

平安神宮

❋ 賞櫻期：3 月下旬～ 4 月中旬 (夜間賞櫻 4 月 10 ～ 13 日)。

❋ 開放時間：8:30 ～ 17:30 (夜間 18:15 ～ 21:00)。

❋ 櫻花棵數：300 棵。

❋ 門票：全票￥600、半票￥300。

❋ 交通：京都車站前搭乘 100、5 號公車→京都会館美術館前。

天龍寺

❋ 賞櫻期：3 月下旬～ 4 月中旬。

❋ 開放時間：8:30 ～ 17:30。

❋ 櫻花棵數：200 棵。

❋ 門票：全票￥500、半票￥300。

❋ 交通：京都車站搭乘「JR 嵯峨野線」電車→嵯峨嵐山 (車資￥230，
　　　　車程 16 分鐘)，再步行約 15 分鐘。詳細路線請參閱「京
　　　　都奈良」之「嵯峨嵐山散步」。

平野神社

❋ 賞櫻期：3 月下旬～ 5 月上旬 (夜間賞櫻 3 月下旬～ 4 月中旬)。

❋ 開放時間：6:00 ～ 17:00 (夜間 18:00 ～ 21:00)。

❋ 櫻花棵數：400 棵。

❋ 門票：免費。

❋ 交通：京都車站前搭乘 205、50 號公車→衣笠校前。

真如堂（真正極樂寺）

✽ 賞櫻期：4 月上旬。
✽ 開放時間：9:00 ～ 16:00。
✽ 櫻花棵數：70 棵。
✽ 門票：全票￥500、高中生￥300、國中生￥200、小學生免費。
✽ 交通：京都車站前搭乘 5 號公車→真如堂前，車程約 15 分鐘，再
　　　　步行約 8 分鐘。

仁和寺

✽ 賞櫻期：4 月中旬。
✽ 開放時間：9:00 ～ 17:00。
✽ 櫻花棵數：500 棵。
✽ 門票：全票￥500、半票￥300。
✽ 交通：京都車站前搭乘 26 號公車→御室仁和寺。

地主神社

✽ 賞櫻期：4 月中旬～下旬。
✽ 開放時間：9:00 ～ 17:00。
✽ 櫻花棵數：50 棵。
✽ 門票：免費。
✽ 交通：京都車站前搭乘 206 公車→五条板。下車後，往清水寺的
　　　　方向走，約 10 分鐘路程，位於清水寺境內。

奈良賞櫻名所

奈良公園

✽ 賞櫻期：3 月下旬～ 4 月下旬。
✽ 開放時間：沒有限制。
✽ 櫻花棵數：1,700 棵。
✽ 門票：免費。
✽ 交通：1. 從 JR 奈良車站中央口出來，過左前方的紅綠燈後順著「三
　　　　　條通」向前走，約 20 分鐘路程。
　　　　2. JR 奈良車站前搭乘市內循環 2 號巴士→大佛殿春日大社前。

大阪紅葉景點

萬博紀念公園

* 紅葉期：11 月上旬~下旬。
* 開放時間：9:30 ~ 17:00。
* 門票：全票￥250、半票￥70。
* 交通：地鐵梅田車站搭乘「地鐵御堂筋線、北大阪急行線」電車
→千里中央（車資￥350，車程 19 分鐘），轉乘「大阪モノ
レール」電車→万博記念公園（車資￥240，車程 6 分鐘）。

大阪城公園

* 紅葉期：11 月上旬~ 12 月上旬。
* 開放時間：沒有限制。
* 門票：免費。
* 交通：大阪車站搭乘「JR 大阪環狀線」電車→森ノ宮（車資￥160，
車程 11 分鐘）。

府營箕面公園

* 紅葉期：11 月中旬~ 12 月上旬。
* 開放時間：沒有限制。
* 門票：免費。
* 交通：阪急梅田車站搭乘「阪急宝塚線急行」電車→石橋，轉乘「阪
急箕面線」電車→箕面（車資￥260，車程 26 分鐘），從
車站出口步行約 5 分鐘就到公園入口。

大仙公園

* 紅葉期：11 月下旬。
* 開放時間：沒有限制。
* 門票：免費。
* 交通：1. 大阪車站搭乘「JR 關空快速」電車→三国ヶ丘，轉乘「JR
阪和線普通」電車→百舌鳥（車資￥380，車程 34 分鐘），
再步行約 5 分鐘。
   2. 天王寺車站搭乘「JR 關空快速」或「JR 阪和線快速」
電車→三国ヶ丘，轉乘「JR 阪和線普通」電車→百舌鳥
（車資￥210，車程 16 分鐘），再步行約 5 分鐘。

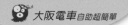

神戶紅葉景點

武田尾、武庫川溪畔

* 紅葉期：11 月中旬～下旬。
* 開放時間：沒有限制。
* 門票：免費。
* 交通：大阪車站搭乘「JR 宝塚線快速」電車→西宮名塩，轉乘「JR 宝塚線普通」電車→武田尾（車資￥570，車程 38 分鐘）。

好古園

* 紅葉期：11 月中旬～下旬（11 月 16 日～ 12 月 2 日周五至日夜間開放）。
* 開放時間：9:00 ～ 17:00（夜間 9:00 ～ 20:00）。
* 門票：全票￥300、半票（國中、小）￥150。
* 交通：大阪車站搭乘「JR 神戶線新快速」電車→姬路（車資￥1,450，車程 57 分鐘）。往車站北口正前方（大手前通）直走，約 15 分鐘路程；或在車站北口 1 號站牌搭乘往姬路城的巴士→姬路城・大手門前，車程約 5 分鐘。
  ※ 提醒：大阪～姬路來回車資￥2,900，建議購買「日本關西鐵路周遊券一日券」￥2,000。

神戶市立須磨離宮公園

* 紅葉期：11 月下旬～ 12 月上旬（11 月 23 日～ 12 月 9 日周末夜間開放）。
* 開放時間：9:00 ～ 17:00（夜間 9:00 ～ 20:00）。
* 門票：全票￥400、半票（國中、小）￥200。
* 交通：大阪車站搭乘「JR 神戶線新快速」電車→三ノ宮（車資￥390，車程 22 分鐘），從西口走到阪急三宮站搭乘「神戶高速線・山陽電鐵」電車→月見山（車資￥320，車程 18 分鐘）。從車站出口往須磨離宮公園東門走，約 10 分鐘路程。

京都紅葉景點

京都府立植物園

* 紅葉期：11 月上旬～ 12 月上旬。
* 開放時間：9:00 ～ 17:00。

🍁 門票：全票￥200、學生票（高中生）￥150、半票（國中、小）
　　￥80。

🍁 交通：1. 京都車站前搭乘往「北大路BT」的205公車→植物園前，
　　　　　再步行約5分鐘。
　　　　2. 京都車站搭乘「地鐵烏丸線」電車→北山（車資￥280，
　　　　　車程16分鐘），從3號出口出來。

上賀茂神社

🍁 紅葉期：11月中旬～下旬。

🍁 開放時間：8:30～17:00。

🍁 門票：免費。

🍁 交通：京都車站前搭乘9號公車→上賀茂御薗橋，車程27分鐘。
　　　　再步行約5分鐘。

野宮神社

🍁 紅葉期：11月中旬～下旬。

🍁 開放時間：9:00～17:00。

🍁 門票：免費。

🍁 交通：京都車站搭乘「JR嵯峨野線」電車→嵯峨嵐山（車資￥230，
　　　　車程16分鐘），再步行約20分鐘。詳細路線請參閱「京
　　　　都奈良」之「嵯峨嵐山散步」。

北野天滿宮

🍁 紅葉期：11月中旬～12月上旬（11月17日～12月9日夜間開放）。

🍁 開放時間：9:00～17:00（夜間17:30～20:00）。

🍁 門票：免費；紅葉苑（もみじ苑、附茶點）全票￥600、半票￥300。

🍁 交通：京都車站前搭乘50、101公車→北野天滿宮前，車程約30
　　　　分鐘。

高台寺

🍁 紅葉期：11月中旬～12月上旬（10月20日～12月10日夜間
　　　　　開放）。

🍁 開放時間：9:00～17:00（夜間17:30～21:30）。

🍁 門票：全票￥600、學生票￥250。

🍁 交通：京都車站前搭乘206公車→東山安井，車程約13分鐘。

知恩院

✳ 紅葉期：11月中旬～12月上旬（11月2日～12月2日夜間開放）。

✳ 開放時間：9:00～16:00（夜間17:30～21:30）。

✳ 門票：免費（夜間全票￥800、半票￥400）。

✳ 交通：京都車站前搭乘206公車→知恩院前，車程約20分鐘。

真如堂（真正極樂寺）

✳ 紅葉期：11月中旬～12月上旬。

✳ 開放時間：9:00～16:00。

✳ 門票：全票￥500、高中生￥300、國中生￥200，小學生免費。

✳ 交通：京都車站前搭乘5號公車→真如堂前，車程約15分鐘。再步行約8分鐘。

南禪寺

✳ 紅葉期：11月中旬～12上旬。

✳ 開放時間：8:40～17:00。

✳ 門票：免費，方丈庭園￥500、三門￥500、南禪院庭園￥300。

✳ 交通：京都車站前搭乘5號公車→南禪寺，永觀堂道，再步行約5分鐘。

天龍寺

✳ 紅葉期：11月中旬～12月上旬。

✳ 開放時間：8:30～17:30。

✳ 門票：全票￥500、半票￥300。

✳ 交通：京都車站搭乘「JR嵯峨野線」電車→嵯峨嵐山（車資￥230，車程16分鐘），再步行約15分鐘。詳細路線請參閱「京都奈良」之「嵯峨嵐山散步」。

常寂光寺

✳ 紅葉期：11月中旬～12月上旬（12月9日～12月18日夜間開放）。

✳ 開放時間：9:00～17:00（夜間17:00～20:30）。

✳ 門票：全票￥400、半票￥200。

✳ 交通：京都車站搭乘「JR嵯峨野線」電車→嵯峨嵐山（車資￥230，車程16分鐘），再步行約30分鐘。詳細路線請參閱「京都奈良」之「嵯峨嵐山散步」。

清水寺

✳ 紅葉期：11 月下旬～ 12 月上旬（11 月 10 日～ 12 月 2 日夜間開放）。

✳ 開放時間：6:00 ～ 18:00（夜間 18:30 ～ 21:30）。

✳ 門票：全票￥300、半票￥200（夜間全票￥400、半票￥200）。

✳ 交通：京都車站前搭乘 206 公車→五条板。下車後，往清水寺的方向走，約 15 分鐘路程。

哲學之道

✳ 紅葉期：11 月下旬～ 12 月上旬。

✳ 開放時間：沒有限制。

✳ 門票：免費。

✳ 交通：京都車站前搭乘 5、17 號公車→銀閣寺道。

下鴨神社

✳ 紅葉期：12 月上旬。

✳ 開放時間：6:30 ～ 17:30。

✳ 門票：免費。

✳ 交通：京都車站前搭乘 4 號或往「北大路 BT」的 205 公車→下鴨神社前。

奈良紅葉景點

奈良公園

✳ 紅葉期：10 月下旬～ 12 月上旬。

✳ 開放時間：沒有限制。

✳ 門票：免費。

✳ 交通：1. 從 JR 奈良車站中央口出來，過左前方的紅綠燈後順著「三條通」向前走，約 20 分鐘路程。
2. JR 奈良車站前搭乘市內循環 2 號巴士→大佛殿春日大社前。

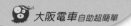

特別收錄二
製作「我的」旅遊手冊

❶ 輸入旅遊計畫

使用電腦中的 Microsoft Word 輸入完整的旅遊計畫，包含班機時刻、每日行程、住宿旅館、交通方式及車資等。例如：

1/25（五）
桃園國際機場（國泰 CX564，3:55pm）
→大阪關西國際機場（7:20pm）
夜遊阪急東通商店街（宿：Hotel 近畿）
※Hotel 近畿：關西國際機場搭乘「JR 關空快速」電車→大阪（￥1,160）。
※ 地址：大阪市北區堂山町 17-8，電話：(06)6312-9117。

1/26（六）
大阪城公園、大阪城天守閣、大阪新世界、通天閣
※ 大阪城：地鐵東梅田搭乘「地鐵谷町線」→谷町四丁目（￥230）。
※ 大阪城門票￥600，使用「大阪地鐵・公車一日券」減為￥500。
※ 通天閣：地鐵谷町四丁目搭乘「地鐵中央線」→堺筋本町，轉乘「地鐵堺筋線」→惠美須町，3 號出口（￥230）。
※ 回程：惠美須町→東梅田（￥230）。
※ 今日車資￥690，故購買「大阪地鐵・公車一日券（假日券）」：全票￥600，半票￥300。

1/27（日）
中之島公園、大阪天滿宮、天神橋筋商店街
※中之島公園：地鐵梅田搭乘「地鐵御堂筋線」→淀屋橋（一站，車資￥200）。
※大阪天滿宮：地鐵天滿橋搭乘「地鐵谷町線」→南森町（一站，車資￥200）。
※ 回程：南森町→東梅田，￥200。
※ 今日車資￥600，故購買「大阪地鐵・公車一日券（假日券）」：全票￥600，半票￥300。

---

2 設定內頁版面

　　開啟 Microsoft Word 空白頁，點選「版面配置」中的「版面設定」。方向選擇「橫向 (S)」，邊界設定為上、下 1 公分，左、右 2 公分。

　　接著選擇「插入表格 2×N」（ N 依照個人行程需求設定數字），亦即以 A4 紙張對折作為內頁版面，並依序將每日行程複製到表格中。全部複製完成後，將表格下緣往下拉至每頁底部，使用表格工具中的「無線框」方式隱藏格線，並列印出來。

3 裝訂內頁成冊

　　影印所需要的份數，並依照內頁順序裝訂好。

4 設計個人封面

　　使用有顏色且稍厚的紙張設計手冊封面，標題依個人喜好自訂，如：「大阪夏之旅」、「大阪青春逍遙遊」、「我和寶貝的大阪旅行」、「我的全家福大阪之旅」、「我和老伴的大阪二度蜜月」、「大阪冬之戀物語」等，只要符合自己想要的意涵就可以。

5 完成旅遊手冊

　　最後，將設計好的封面黏貼好，就完成具有個人特色的旅遊活動手冊了！

國家圖書館出版品預行編目資料

大阪電車自助超簡單/黃德修 文・攝影・ -- 初版.
 -- 臺北市 ： 華成圖書, 2013.07
   面 ； 公分. -- (GO簡單系列；G0204)

ISBN 978-986-192-181-5（平裝）

1. 自助旅行 2. 日本大阪市

731.75419   102008764

GO簡單系列　G0204

大阪電車自助超簡單

作　　者／黃德修

出版發行／華杏出版機構

華成圖書出版股份有限公司
www.farreaching.com.tw
台北市10059新生南路一段50-2號7樓
戶　　名　華成圖書出版股份有限公司
郵政劃撥　19590886
e-mail　huacheng@farseeing.com.tw
電　　話　02 23921167
傳　　真　02 23225455
華杏網址　www.farseeing.com.tw
e-mail　fars@ms6.hinet.net
華成創辦人　郭麗群
發　行　人　蕭聿雯
總　經　理　熊芸
法律顧問　蕭雄淋　陳淑貞

總　編　輯　周慧琍
企劃主編　蔡承恩
企劃編輯　林逸叡
執行編輯　張靜怡
執行美編　陳琪叡
印務主任　蔡佩欣

定　　價／以封底定價為準
出版印刷／2013年7月初版1刷
　　　　　2014年5月初版2刷

總　經　銷／知己圖書股份有限公司
　　　　　台中市工業區30路1號　　電話　04-23595819　　傳真　04-23597123

☺ 讀 者 回 函 卡

謝謝您購買此書，為了加強對讀者的服務，請詳細填寫本回函卡，寄回給我們（免貼郵票）或 E-mail至huacheng@farseeing.com.tw給予建議，您即可不定期收到本公司的出版訊息！

您所購買的書名/＿＿＿＿＿＿＿＿＿＿＿＿　購買書店名/＿＿＿＿＿＿＿＿＿＿

您的姓名/＿＿＿＿＿＿＿＿＿＿＿＿＿＿　聯絡電話/＿＿＿＿＿＿＿＿＿＿

您的性別/□男 □女　　　您的生日/西元＿＿＿＿＿年＿＿月＿＿日

您的通訊地址/□□□□＿＿＿＿＿＿＿＿＿＿＿＿＿＿＿＿＿＿＿＿＿＿

您的電子郵件信箱/＿＿＿＿＿＿＿＿＿＿＿＿＿＿＿＿＿＿＿＿＿＿＿＿

您的職業/□學生 □軍公教 □金融 □服務 □資訊 □製造 □自由 □傳播
　　　　□農漁牧 □家管 □退休 □其他

您的學歷/□國中（含以下） □高中（職） □大學（大專） □研究所（含以上）

您從何處得知本書訊息/（可複選）

□書店 □網路 □報紙 □雜誌 □電視 □廣播 □他人推薦 □其他

您經常的購書習慣/（可複選）

□書店購買 □網路購書 □傳真訂購 □郵政劃撥 □其他＿＿＿＿＿＿＿＿＿

您覺得本書價格/□合理 □偏高 □便宜

您對本書的評價（請填代號/ 1.非常滿意 2.滿意 3.尚可 4.不滿意 5.非常不滿意）

封面設計＿＿＿＿　版面編排＿＿＿＿　書名＿＿＿＿　內容＿＿＿＿　文筆＿＿＿＿

您對於讀完本書後感到/□收穫很大 □有點小收穫 □沒有收穫

您會推薦本書給別人嗎/□會 □不會 □不一定

您希望閱讀到什麼類型的書籍/＿＿＿＿＿＿＿＿＿＿＿＿＿＿＿＿＿＿＿＿

您對本書及我們的建議/

華杏出版機構

華成圖書出版股份有限公司　收

台北市10059新生南路一段50-1號4F　　TEL/02-23921167

（沿線剪下）

（對折黏貼後，即可直接郵寄）

☺ 本公司為求提升品質特別設計這份「讀者回函卡」，懇請惠予意見，幫助我們更上一層樓。感謝您的支持與愛護！

www.farreaching.com.tw　　　請將 G0204 「讀者回函卡」寄回或傳真 (02) 2394-9913